大人の女の話し方

人前で最高の自分を表現するための
パーフェクト・ガイド

THE WELL-SPOKEN WOMAN
Your Guide to Looking and Sounding Your Best
Amherst, NY: Prometheus Books, 2011.

はじめに——さあ、始めましょう

この本は、仕事やプライベートで、あなたが人前で話すときに、卑下することなく最高の力を発揮するために書かれました。

複数の人を前にして話すとき、どうしても戦々恐々としてしまうのは、あなただけではありません。じつはどんな達人も、過去にはあなたと同じような不安や怖れを抱いてきました。本書では、1章ごとに一人の「スピーチの達人」が登場します。彼女たちがどうやって達人になったのか、そして、どんなテクニックを駆使しているのかを紹介していきましょう。不安を克服し、自分を鼓舞《こぶ》し、洗練さを身につけた女性たちから、ぜひ、その極意を学んでください。

「社内でも仕事先でも面接でも、自分の考えをしっかり話せるようになりたい」、「自信をつけて不安を克服したい」、「インパクトのあるメッセージを発信したい」、「言葉で人を動かせるような女性になりたい」——そんな人には、この本がきっと役立つはずです。

話し方は、生き方

話をする機会によって千差万別ですが、堂々と美しく話すためには、まず「自分らしくある」ことがとても大切です。

人前で話すことは、一種のパフォーマンスです。といっても、演技だとか、上っ面だけの努力でいいという意味ではありません。たとえ相手があなたに耳を傾けていなくてもなにかを伝える、そのために必要な努力をパフォーマンスと呼んでいるのです。スピーチの達人は、素晴らしい舞台俳優のように、本番のはるか前からセリフを覚え、動きを練習しています。でも、彼女たちはなんの役も演じません。話し方のテクニックを習得するというと、抵抗を示す人もいますが、そういう人は、スキルの習得を演技と勘違いしているのです。演技とは別人のふりをすること、「見栄」と言ってもいいでしょう。

話し方の達人になるということは、だれかのようになることではありません。あらかじめ決められた型に、自分をはめることでもありません。人前でも自分らしくあること――これこそが肝心なのです。

やればできる！

女子学生を対象にしたある調査によると、イエール法科大学院の女子学生は、男子学生よりもはるかに授業での発言が少ない、という結果が出ています。また、回答者の九割近くは、「男子学生は女子学生より自信を持って人前で話し、たいして重要でない意見でも大教室で怖気づくことなく発言している」と言っています。

気後れしたり自信がなかったりするのは、学生だけではありません。働く女性も同じです。企業では、一度なにかにつまずいてしまった女性は、上に昇ることができません。しかも、なにが「つまずき」になるのかは微妙でわかりにくいのが実情です。つい臆病になるのもわかります。

私は二〇年以上にわたって、そのような現実のなかでも「女性が自分の考えを効果的に表現するにはどうしたらいいのか？」を教えてきました。なかには自然にできる女性もいますが、できない女性のほうがずっと多いからです。あなたが最近人前で話したときのことを思い出してください。どのくらいうまく表現できましたか？　口を開く前に、失敗を怖れて不安になりませんでしたか？

人もうらやむほどの成功をおさめた人でさえ、見知らぬ聴衆の前でスピーチをするときは頭が真っ白になることがあるといいます。あなたは、どうしたらもっとうまく話せるかを、これまでどのくらい真剣に考えてきたでしょう？　そのうちなんとかなる、などと思っていませんか？

私はこの本に、あらゆる女性講演者のあらゆるスピーチを指導してきた経験から学んだことを、ぎっしり詰め込みました。

これを読めば、あなたもきっと、理想の話し方ができるようになるはずです。

大人の女の話し方　目次

II

身体を使いこなす

IV いざ、上級編

I
まずは強い心を

1章

うまく話す人の共通点とは？

男性と同じチャンスがあれば、私たちもかならず成功できます。ジンジャー・ロジャースはフレッド・アステアとまったく同じことができたじゃないですか。しかも、ハイヒールを履いて後ろ向きで。

——ドロシー・アン・リチャーズ（一九八八年の民主党大会で）

冒頭に紹介した、ドロシー・アン・リチャーズのセリフはみごとでした（ジンジャー・ロジャースとフレッド・アステアは、男女でコンビを組んでみごとなダンスを踊ったスター）。聴衆はハッとして前のめりになり、これが政治家のお決まりのスピーチでないことに気づきました。それまで、ベテランの女性政治家が、全国テレビの生放送でこんなに堂々と、おもしろおかしく話をしたことはありませんでした。無名の彼女はこれで一躍全国的に脚光を浴び、超有名人となったのです。衝撃的なメジャーデビューでしたが、いかにもリチャーズらしい登場でもありました。

あなたは、彼女のように大勢の人の前に立つ自分を想像できないかもしれません。でも、会社や地域の集まり、あるいは各種のイベントなどで話す機会はあるはずです。スタッフ会議であれ、パネルディスカッションであれ、上司の送別会であれ、人前で話す場は、またとない「チャンス」です。そこで話をして、一度でも「自分には、言いたいことを伝えられる力がある」と思えたら、それが大きな自信になっていきます。

三つの条件

映画『マイフェアレディ』では、オードリー・ヘプバーン扮するイライザが、みるみるうちに田舎娘から淑女へと大変身を遂げます。でも、あれは映画のなかのお話です。リチャーズはこう言っています。「(民主党大会の)スピーチの練習には、何時間もかけたわ。気さくに相手に話しかけているような調子を出すには、かなりの努力が必要だった」

小さなころから大都会とイルミネーションに憧れていたリチャーズは、テキサスの田舎育ちのおませな女の子でした。だれよりも活発で、彼女と同世代のほかの女性のように、おしとやかで口数の少ない「いい娘」に収まってはいませんでした。「とんでもないことでも口に出していいと教えられていたの。私が意見を言うと、両親は拍手してくれたほどよ」と、リチャーズは言っています。

彼女の家では、父親も祖父も飽きるほど延々と話をし、またそれが大事なこととされていました。

高校生になると、物語、とりわけおもしろおかしい話をすると、友だちが喜んでくれることに気がつきました。やがて、社交性豊かな彼女は、若い女性に政治と公職を紹介する活動「ガールステート」のメンバーに選ばれます。おしゃべり上手なやせっぽちの女の子が、選りすぐりの地元の女

ドロシー・アン・リチャーズ
Dorothy Ann Richards

子に交じって、偉い人たちと会う機会を得たのです。リチャーズはこのとき、演説の魅力に惹きつけられ、政治家ほど自分に向いた仕事はない！　とまで感じるようになりました。

持って生まれたスピーチの才能が本格的に試されたのは、ディベートクラブに入ったときでした。仲間と練習試合を重ねるなかで、彼女は論理的に考え、語ることを学んでいきました。自然とチームの花形になり、最上級生のときには州のディベート大会で優勝します。大学に入っても何度も大会で優勝し、その経験が、のちのキャリアで活かされていきました。

ここで重要なのは、家族もスピーチのコーチも、彼女に自分らしくあるよう教えたということです。自分は何者かを理解することで、リチャーズはスピーチの能力を高めていったのです。

私はよく「人前でうまく話すには、なにが必要ですか？」と聞かれます。たしかに、話し上手な人の資質やテクニックは見えにくいものです。でも、私は何千人ものスピーチを見るうちに、達人には例外なく、いくつかの共通点があることに気がつきました。それは、ひとことで言えば「力強《パワー》い人格《ペルソナ》」です。

「パワー」といっても、命令で人に言うことを聞かせるのではありません。要求やお説教や押しつけでもありません。そんなやり方はもう通用しません。いまは、個性的な表現で人々を引き込む時代です。大切なのは、耳を傾け、対話に引き込み、活気を与え、共感を示すことです。

パワー・ペルソナの条件は、次の三つです。

- 独自のスタイルがある。
- 明確な目的のあるメッセージを伝えている。
- 自信に満ちたふるまいをしている。

スピーチの達人はみな、練習と経験を重ねて、この三つを身につけ、伸ばしています。自信を表すテクニックは人によって違っても、自信を示さなければならないという原則は変わりません。

では、この三つをさらにくわしく見ていきましょう。

「独自のスタイル」を演出する

「大勢の前で話すのはまるでストリップみたい」と言う人もいます。でも実際には、ストリップ以上に自分をさらけだすことになります。生身のあなたをさらけだし、外見から考え方まで吟味されるのですから。髪の毛からつま先まで人々の視線にさらされるのは、避けようのない事実です。ここでいう「外見」とは、服装、髪型、メイク、アクセサリー、ふるまい、言葉づかいまで、すべてを指します。これらの細かい部分の積み重ねがひとつのパッケージとなり、外見を形づくるのです。あなたの外見は、自信と能力を表しているでしょうか？　それとも、あなたの足を引っ張っているでしょうか？

外見と身だしなみについてはあとの章でもふれますが、まずはここで簡単に説明しておきましょう。人々が最初に気づくのは見かけですし、その一瞬の判断で、話を聞いてもらえるかどうかが決まるからです。テレビの報道番組の記者レスリー・ストールは、過去二〇年間に視聴者から寄せられた意見のかなりの部分が、彼女のイヤリングについての好き嫌いだったと言っています。くだらないと言えばそれまでですが、無視するのは間違いです。たとえあなたが外見にこだわらなくても、まわりの人はこだわります。外見によるメッセージの伝わり方の違いは、ぜひ知っておくべきです。

ステップ① 時代遅れにさようなら

服装や髪型が野暮ったくて古臭いと、あなたの意見まで時代遅れに思われてしまいます。あなたはまさか、八〇年代の映画『ワーキングガール』から抜け出したような、肩パッド入りの地味な色のスーツを着ていませんよね。もしそうなら、すぐにやめましょう。といっても、最新のトレンドを追いかけたり、ブランドものの服に大金をつぎ込む必要はありません。そのよいお手本が、ビル・ゲイツ夫人のメリンダ・ゲイツです。彼女はどんな洋服でも買えるお金がありながら、感じのいい、ごくふつうの服装で通しています。

▼ステップ② さりげなく変身する

外見に固執する文化を変えることはできませんが、どう見られるかをコントロールすることはできます。それにはふたつのやり方があります。ひとつは、できるだけ目立たない服装をして、そこに注目が集まらないようにすること。もうひとつは、わざと独特な恰好をすることです。

目立たないようにするにしろ、注目されるようにするにしろ、ポイントは「意図的にする」ということです。ただし、これは判断が難しいところです。外見が注目されると、内面が無視されたり、割り引いて見られてしまう可能性もありますから。

ミシガン州の元知事、ジェニファー・グランホルムは、ハーバード・ロー・スクールを最優等で卒業し、容姿も女優のようです。話をすると、気さくで心から楽しい人物だとわかりますが、自分らしい容姿を確立し、その美しさが目的を邪魔しないようにするには時間がかかったといいます。

彼女はまず金髪を短く切りました。そして、女性らしいビジネススーツを仕立てました。アクセサリーもシンプルな十字のネックレスにしました。靴だけは自分の好きな七・五センチのヒールを履きましたが、全体をオーソドックスな外見にしたことで、批評家たちは彼女の服装より実績に目を向けるようになりました。

一夜にしてスターになった歌手のスーザン・ボイルも、外見で変化を遂げたひとりです。テレビ番組に初登場したときのボイルは、スコットランドのだれも知らない片田舎からやってきて、おまけにダサいワンピースとげじげじの眉毛。視聴者に「一度も男性と付き合ったことのないような」イメージを焼きつけてしまいました。そのせいでブーイングを受けたほどです。応募写真もひどく、あやうくオーディションも受けられないところだったそうです。でもその後、少しだけ外見を変えると、人々は彼女の深く美しい天使のような歌声に心を奪われるようになりました。ちょっと変化を加えただけで、「外見なんてどうでもいい」と思わせることに成功したのです。

もし、あなたが何年もスーツを買っていなかったり、無造作な髪型でなにか言われたことがあるとしたら、だれかの助けを借りてでも、もう一度おしゃれをしてみるべきです。買い物にまったく興味がなかったり、自分の体型に無関心なら、おしゃれ上手な友人か店員に、あなたに似合う服を選んでもらいましょう。

仕事に見合う服、あるいは、なにか聞くに値することを言いそうに見える服を着て、聴衆の期待に応える――これは、あなたが考える以上に重要です。

ステップ③ 個性をアピールする

リチャーズは、大勢のなかにまぎれることを決して望みませんでした。どんなことにも自分らしさが表れるようにし、豊かな白髪と優雅な語り口をアピールしました。髪型はつねに扇のようにセットし、その姿も、いわゆるリーダーのイメージとはまるで違っていました。

一般に、ロマンスグレーの男性は「品がある」と言われるのに対して、白髪の女性は「年寄り」だと言われます。第四一代大統領ジョージ・H・W・ブッシュの妻バーバラは、若いころから白髪だったために、よく母親と間違われたといいます。けれどもリチャーズは、白髪を長所に変えました。思想家のエマソンも言っているように、「弱点に見えるものが、じつは強みになる」のです。

一九九三年、リチャーズはテキサス州の知事のときに、「ビッグヘアの日」を公式に定め、自分が美容院で髪をセットしてもらっている写真をハガキにして送りました。以来、その髪型は彼女のトレードマークになりました。リチャーズはこんなジョークも飛ばしました。「髪型を冷やかされることがよくあるわ。冷やかすのはだいたいハゲの男性ね」

意図的に演出していたのは、髪型だけではありません。黒い皮ジャンと迷彩服もそうでした。彼女は、マッチョな男性が支配してきたテキサス州で、あえてタフなイメージを前面に出し、「古き良き本物のアメリカ人」というイメージを植えつけたのです。交通安全を訴えたときには、六〇歳にして完璧なバイカースーツを着て、ハーレーダビッドソンにまたがりました。その秋には迷彩服に身を包み、グループの先頭に立って野鳥狩りをしました。ちなみに、狩りは報道陣向けのパフォーマンスではありません。リチャーズは子どものころから狩りや魚釣りを父親に習っていました。

このように、彼女はステレオタイプを打ち破ることで、意図的に自分のイメージを作りあげ、政治やビジネスの世界で女性が上に立つ際の落とし穴を避けたのです。

もちろん、あなたはこれほど極端である必要はありません。個性の表明は、シンプルなことでいいのです。たとえば個性的なアクセサリーをトレードマークにするのもいいでしょう。女性運動家のベラ・アブザグは、男性社会で自分を一人前の人間として扱ってもらうために、帽子をかぶりつづけました。また、女性初の下院議長となったナンシー・ペロシは、いつも大粒の真珠か、重量感のあるビーズのネックレスを身に着けています。男性のネクタイが顔を引き立てるように、大きなネックレスが彼女の顔を引き立てているのです。

▼ステップ④ 全体を意識する

信頼できる人柄を表現する手段は、服装だけではありません。聴衆はあなたの身体の動きやジェスチャー、口調も観察しています。つまり全体です。

料理番組のホストを務めるレイチェル・レイは、どこにでもいる女の子のような服装で、親しみやすさを感じさせています。キャスターのダイアン・ソイヤーは、悲惨な事件や復興のニュースを伝える際に、そのハスキーな声が信頼に一役買っています。また、映画『プラダを着た悪魔』では、悪魔のような編集長アマンダ・プリースリーが眉をつりあげるだけで、スタッフは全員、緊急モードで命令を実行しようとしました。

このあとの章では、ボディランゲージ、発声、立ち居ふるまいのテクニックについてもお教えします。これらを参考にして、あなた自身のスタイルを築きましょう。発声とボディランゲージだけでも、基本テクニックを押さえれば個性を出せるようになります。

（メッセージには目的を）

シンクロナイズドスイミングでは、水中で一糸乱れぬ演技をするために音楽が欠かせません。選手一人ひとりがリズムに従うことで、あの華麗な演技を見せているのです。でも、リズムを探しているのはシンクロの選手だけではありません。聴衆も、話し手がつくるリズムを探しています。聞き手は話し手のテンポに合わせ、話し手は聞き手の様子を察知しながら、絆をつくっているのです。

映画『フォーエバー・フレンズ』で、ベット・ミドラーが演じた有名歌手CCは、この絆が理解できませんでした。彼女は長いあいだ会うことのなかった親友に、こう言いました。「私はともかく、あなたはどうなの？　あなたは私をどう思ってるの？」。人前で話すときも、自分のことしか考えず、相手に思いを寄せなければ、おそらく失敗します。話のトピックを聞き手の興味と一致させるのは、話し手の仕事です。それができなければ、だれもあなたについてきません。

また、いくつものデータを並べ立てたり、思ったことを脈絡なく並べて話すのもいけません。言いたいことをうまく言えたとしても、意識的に聴衆とつながろうとしなければ失敗します。あるとき人気書店で、ふたりのテレビジャーナリストがトークイベントを開きました。さすがに話がうまく、興味深いトピックでしたが、トークの終わりに質問した人はほとんどいませんでした。プロのジャーナリストが、「一方通行の報道スタイルに頼りすぎる」という落とし穴にはまってしまったからです。それはまるで、「あなたのためにニュースを読んであげましょう」という姿勢でした。

双方向の対話をすべき会で、ふたりは三〇分間一方的にしゃべりつづけました。聞き手をどう引き込むかに思いが及ばなかったために、自己満足に聞こえてしまったのです。

▼ステップ① 聞き手とつながる

聞き手をうまく引き込むには、バランスをとることが重要です。話し手、聞き手、テーマが支柱になった三脚スツールを思い浮かべてください。この三本の脚がバランスをとって、スツールは初めて立脚できます。一本が短かったり、なかったりすれば、ぐらついて倒れるでしょう。このうちのひとつでも軽く見てはなりません。三本すべてに注意が必要です。

話し手は多くの場合、「自分はなにを話せるだろう」と気にするあまり、聞き手の視点でテーマを考えることがおろそかになります。でも本当は、むしろ「相手がなにを聞きたいか」に心を砕くべきなのです。「相手を喜ばせよう！」というホスピタリティが、成功をもたらします。この機会にぜひ、自分より相手を先に考える習慣をつけてください。そうすれば、かならず共感を得られやすくなります。

参考までに、聴衆を引き込んで「つながりを築く話し手」と「つながれない話し手」の特徴を挙げておきます。つねに前者になれるように努めましょう。

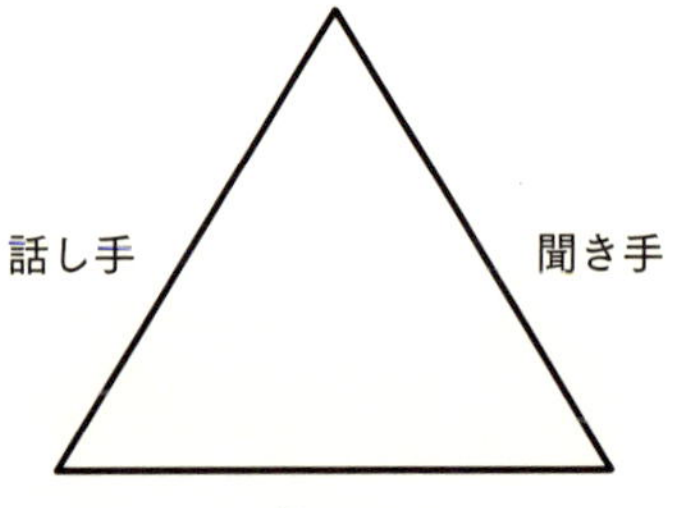

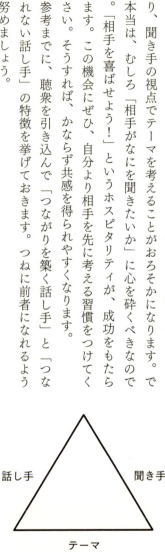

〈つながりを築く話し手〉

- 近づきやすい
- 控えめ
- 誠実
- ユーモアのセンスがある
- 相手に関心を持つ
- リスクをとる

〈つながれない話し手〉

- 孤立しているか、自分のことで精いっぱい
- リハーサルどおりのことしかやらない
- わざとらしい
- 冷淡かテクニックに頼りすぎ
- 説教くさい
- 落ち着きがないか退屈

リチャーズは、よく練られたストーリーや素朴な笑いを取り入れて、だれもが抱いている希望や恐れや夢を表現し、聴衆とのつながりを築いていきました。その、ストーリーを使ってシンプルな真実を話すコツは、父親から学んだものでした。「子どものころベッドのなかで、父や父の友人がいろんな人たちの物語を話すのを、夜中まで聞いていたの。どれも単純で、心やさしくて、前向きなお話で、大物ぶった人たちや正直でない人たちは、いつだって悪者だったわ」。リチャーズのスピーチも、現実の生活をベースにしています。それが話に人間味を与え、人々の共感を呼んだのです。彼女はいつも、「自分の母親にもわかるように話す」ことを目標にしていました。

▼ステップ② 言葉で絵を描く

母親にもわかるようなメッセージを目標にしたリチャーズは、決して上から目線でものを言うことはありませんでした。代わりに、生き生きとした言葉で場面を描写し、ふつうの人々の悩みが私にはわかる、ということを伝えました。次に紹介する民主党大会でのスピーチも、人生のほんの一瞬を全員で共有し、聴衆を別の時と場所にタイムスリップさせるものでした。

私はテキサス州ウェーコの郊外にある小さな町で、大恐慌の直後に生まれ、ラジオから流れるルーズベルト大統領の声を聞いて育ちました。町の人たちの悩みや苦しみを理解するようになったのもこのころです。あのころはだれもが問題を抱え、だれもが大恐慌から脱することを夢見ていました。

即席のテーブルを囲んで大人たちの話を聞いていた夏の夜のことを、いまでも覚えています。大理石のテーブルの上でドミノの駒がカチカチとたてる音も、まだ耳に残っています。大人の男性の下品な冗談、大きなシカに驚いた話や、カエルの落ちた井戸に洗浄剤を流し込んだという母の笑い声も、鮮明に覚えています。

あのとき、大人たちは戦争や政治について語り、この国になにが必要かを話していました。だれもが率直で、それは、一所懸命に人生を生きている人たちの言葉でした。

ラジオを通して聞こえるルーズベルト大統領の声。ドミノの駒が大理石のテーブルの上でふれあう音。井戸に洗浄剤を流し込む様子。一つひとつの描写やフレーズが細かく、リアリティにあふれています。「即席のテーブル」「町の人たちの悩みや苦しみ」「大人たちとお父さん」……こうした言葉づかいによって、ふつうの人々の日常生活がありありと目に浮かび、音までが聞こえてくるように感じます。

たとえ専門的で退屈なトピックでも、正しい言葉を選べば、聞き手は関心を持つものです。リチャーズは知事に選ばれるとまもなく、米国中の政界にいる女性を知事公邸に招いて、バーベキュー大会を開きました。私もそこにいたのですが、集まった聴衆は、彼女の開会スピーチでの独特な言葉づかいに心を揺さぶられました。「政府の役割」というこれ以上ないほど退屈なトピックに、彼女はエネルギーを吹き込んだのです。

政府は、私たちの生活にもっとも大きな影響を与える存在です。私たちが買う食料品の値段も、スイッチを入れれば電気がつくかどうかも、環境が清潔に保たれるかどうかも、毎朝ゴミが収集されるかどうかも、生と死の問題も、子どもたちが戦争に行くかどうかも、すべて政府によって決まります。政府とは、それほど重大な存在なのです。

▼ステップ③　くすっと笑えるなにかをはさむ

リンドン・ジョンソン大統領のスピーチライターを務め、アン・リチャーズの親友でもあったリズ・カーペンターは、どんなスピーチにも、次の三つの基本ルールがあると言っています。「はじめに笑いをとり、いちばんおいしいところは真ん中に置き、最後に愛国心をあおるのよ」

最初のユーモアは、あなたと聴衆の距離を縮める「つかみ」の役目を果たします。あなた自身や話の内容がそれほど重いものではないという信号を送れば、聞き手はリラックスして、そうつまらなくもなさそうだと感じてくれます。ユーモアといっても、ジョークを口にしなければならないわけではありません。むしろ、ジョークは失敗のもとです。いちばんウケるネタは、日常生活から生まれるものです。自虐ネタは、その場で共感を生むことも少なくありません。あなたと聞き手だけにわかる内輪ネタを話題にするのもいいでしょう。一度ウケたら、よそでも使ってみましょう。

リチャーズの場合は、「テキサスネタ」がずば抜けて面白く、そのおかげで彼女はアメリカでもっとも愛される話し手の一人になりました。彼女のひとことユーモアは、マーク・トウェインの風刺のようなものです。リチャーズには、だれをも涙が出るほど笑わせる才能があり、「がんこな女性差別主義者でさえも大笑いさせることができるフェミニスト」と言われました。聴衆はリチャーズに、腹の底から笑える話を期待するようになり、彼女はそれにエッジの効いたユーモアで応えました。やりすぎと批判を受けることもありましたが、副大統領だったブッシュを皮肉ったひとことは、なにより有名です。

「ジョージはつい口に出しちゃったのね。シルバーフットだから」（金持ちを表す silver spoon in his mouth と、失言を表す foot in his mouth をかけて silver foot in his mouth。彼女の造語）

こんなセリフをとっさに口に出せるチャンスはめったにありません。話し手、場所、時間、トピックのどれもがあるべき場所に収まって初めてできることで、リチャーズ自身、「あれは名セリフだったわ」と言っています。ちなみに、ブッシュは笑いのネタにされても気分を害することなく、のちにリチャーズに、足をかたどったシルバーのブローチをプレゼントしました。リチャーズはその気づかいに感謝し、ブッシュがテキサスを訪れるときには、かならずそのブローチをつけたといいます。

このほか、気のきいた言葉を思いつくための細かい技は5章でも紹介しています。そちらも参考にしてください。

自信に満ちたふるまいとは

一九五〇年代のアメリカに吹き荒れた共産主義者狩りに、初めて反対の声をあげたのは、元電話オペレーターの上院議員、マーガレット・チェイス・スミスでした。男性たちがだんまりを決め込むなか、議会で「良心の宣言」を掲げたのは、ひとりの女性だったのです。「個人の評判や国家の団結を犠牲にして、自分勝手な政治的利益のために弱いものいじめに加担する上院のやり方は、間違っています。市民をいたぶり、自分たちは議会特権に守られて批判をかわしている上院のやり方に、誇りを持つことはできません」

スミスは夫の秘書として政治の世界に入り、一九四〇年に夫が他界したあと、その議席を守って下院議員に当選。その後三二年間、議会に仕えました。上院と下院の両方で議員を務めた初めての女性で、大統領選にも出馬しました。一九六四年の女性記者クラブでスピーチしたとき、彼女はまず、自分が大統領選に出馬すべきでない理由を挙げました。資金も組織も時間もない、それに「女性には身体的なスタミナや強さがない」という人もいる、と。そして、こう続けたのです。「出馬すべきでないというこのような説得力のある理由があるからこそ、私は出馬することを決意いたしました」

ひとかどの人間になろうと思えば、失うものも多いものよ。

——ココ・シャネル

▼ステップ① ニセモノの自信はいらない

スミスは、電話会社でオペレーターとして働いているときから大統領を夢見ていたわけではありません。彼女は一所懸命に働き、いつも自分を向上させようと励み、進んでリスクをとることで非凡なことを成し遂げましたが、いたってふつうの人間でした。そんな彼女が、同じ共和党の仲間に歯向かうには、かなりの勇気と覚悟が必要だったはずです。性格的にもマスコミに自分を売り込むようなタイプではありませんでした。それでも、スミスは沈黙を通すという選択をしませんでした。権力を濫用している人に、もの申さずにはいられなかったのです。自分の人生を導いてきた率直さ、自信、尊厳に基づいた彼女の発言には、自信があふれていました。

高い理想と目標を掲げ、純粋な姿勢でそれを実践する――このような話し手は、尊大さではなく自信によって、聞き手の注意を惹きつけます。「自信を感じさせる」とは、自分は偉いのだとアピールすることではありません。完璧主義にこだわることでも、自分を目立たせることでもありません。傲慢さ、完璧主義、独断は、どれも偽りの自信です。

「なにもかも知っていなくてはならない」というウソ 自信を持つのに、話す内容について専門家である必要はありません。第一人者でなければならないと思うと、恐れが先に立って、人前で話すチャンスを逃してしまいがちです。「くわしくない」という理由で、人前で話すのを断ってはいけません。答えられない質問をされたら、調べてあとでお答えしますと言えばいいのです。この点、男性は女性よりもフリをするのがうまいようです。

大量の事実やデータを暗記するのもやめましょう。スピーチの直前に知識を詰め込んでも、しょせん、すべての質問には答えられないのですから。一夜漬けは、あなたをより神経質に、より不安にさせるだけです。それに、あまり専門的なことを言いすぎると、かえって嫌味です。パネルディスカッションなら七分くらい、ランチの場でなら二〇分くらい会話できる材料があれば充分です。

「ひとつの失敗もなくやり遂げねばならない」というウソ スピーチの達人は準備を怠りませんが、なにもかも完璧に整えるわけではありません。マーサ・スチュワートのように、パーフェクトを目指すのは間違いです。ライフコーディネーターのマーサも、あれほどみごとなケーキやパイを一人で焼いていたわけではありません。大勢のスタッフがいたのです。家のなかも、本当はあんなにピカピカではありませんでした。のちに彼女は、インサイダー取引で起訴されましたが、「彼女にも私たちと同じように欠点がある」とわかってからのほうが、好感度はむしろ上がりました。

スピーチでも同じです。完璧を目指すより、聞き手とのつながりを築くことに集中することのほうが、ずっと大事なのです。

「自分は絶対に間違っていない」というウソ　世の中には、経験豊富でめったに不安を感じない話し手もいます。でも、高い専門知識を持っているからといって、ひとりよがりになったり自信過剰になってはいけません。また、あなたが成功の階段を上がるほど、聴衆は多くを期待することも忘れてはいけません。自分は偉いと勘違いして、「有名人きどり」の落とし穴にはまる人は少なくありません。才能と知性のある人が自分を実力以上の存在だと思い込むと、準備や練習を怠ってしまうのです。こうした話し手は、いずれ成長が頭打ちになります。

▼ステップ② 裏方から表舞台へ出る

人気者になる前のリチャーズには、履歴書に大きな空白がありました。一九歳できっぱりとキャリアの夢を脇に置き、愛する人と結婚したからです。その後何年ものあいだ、夫のデービッドと四人の子どもにかかりきりになり、ディベートや政治は二の次でした。地元の選挙運動にボランティアとして参加して、電話に出たり切手を貼ったりはしていましたが、ずっと専業主婦だったのです。政治家になるとすれば、それは弁護士だった夫のほうでした。それなのに、地方議会に空席ができたとき、立候補するよう頼まれたのはアンでした。一九七六年、彼女は当選し、トラビス郡初の女性コミッショナーになりました。

郡職員の多くは、彼女の下につくことを快く思いませんでした。とくに男性たちは、リチャーズが自分たちを女性やマイノリティと入れ替えるにちがいないと思い込み、敬遠しました。そのためリチャーズは、励ましの言葉を注意深く準備し、スタッフに安心感を与えることに努めました。

就任初日、リチャーズをオフィスの外で迎えてくれたのは、スタッフのマスコットだった〝世界でいちばん醜い犬〟でした。その瞬間、彼女はこの犬を打ち解けるきっかけにしようと思いつきます。さっそく、男性スタッフにその犬の名前を訊ねました。ところが部屋は静まりかえり、返ってきたのは、後ろのほうからのけんか腰の声だけでした。「アン・リチャーズだ」。これに、若い男性がつけ加えました。「ミス・アンって呼んでもいいですよ」。その答えに、リチャーズはおなかの底から大笑いしました。そして、それがよそよそしさを打ち破ることになりました。ひやひやのスタートでしたが、男性たちは次第に女性上司に慣れ、最後にはよき友にまでなりました。

▼ステップ③　大胆な賭けに出る

じつはリチャーズは、子どもたちが成長したのち離婚し、アルコール依存症と闘いました。でも、それを隠すことはなく、知事として刑務所を慰問したときには、「私の名前はアンです。アルコール依存症でした」と自己紹介しました。モリー・アイバンズはこう書いています。「アルコール依存症の大会で、彼女のスピーチを聞いた人はだれもが、笑いと涙は紙一重であることを知っています」。自分の苦悩を隠すことなく進んで語ることで、リチャーズは多くの人を勇気づけました。そのことは、次の逸話にもよく表れています。彼女は知事になって数週間後に、エリザベス女王がテキサスを訪問することを知らされました。

どんなふうだったか想像がつくでしょう？　ものすごく混乱していましたし、議会はもう始まっていて、緊急かつ深刻な問題が山積みでした。私はスタッフを集め、就任式の計画を立てましたが、舞踏会やらパレードやら、そのほかにもいろいろと手一杯の状態でした。みなさんのなかに、イギリス女王をもてなした経験がある人がどれくらいいるかわかりませんが、とにかくものすごく複雑なことなのです。たとえば、ひじに手をあてるなとか、こまごまとした礼儀作法を学ぶために授業を受け、女王を迎えるのにふさわしい服もあつらえなければなりません。私は、シルクでプリーツスカートと明るい色のジャケットをつくりました。

こうして当日を迎えました。これだけの準備をした私たちは当然、とても緊張しつつ、万事うまくいくことを願っていました。すると、女王を迎えるために州会議事堂の広間を小走りしているときに突然、懐かしい母の声がありありとよみがえってきたのです。「そんなに急いでどこにいくの？　女王様に会いにでも？」。四〇年を経て、それが現実になったのです！

あなたの人生のどんな経験が、あなたを際立たせるかを考えてみてください。どんな話でもかまいませんが、聴衆はあなたを知りたがっています。打ち明け話が多いほど、反響が拡がることは確かです。

（成功への道①：怖れるより挑戦するほうがずっと楽しい）

リチャーズは、パワーペルソナを代表するような女性です。その独自のスタイル、目的のある一貫したメッセージ、自信を感じさせるふるまいは、伝統的な型にはまらないものでした。政界を引退したのちも社会奉仕に情熱を燃やし、豊かな経験で蓄えた知恵を人々に分け与えました。

リチャーズが若い女性たちによく話していたのは、コレット・ダウリングの書いた『シンデレラ・コンプレックス』からのこんな引用です。「いまどきの王子様は、白馬に乗って現れるわけじゃない。ホンダに乗って、しかもあなたがその車を買ってくれると期待している」。リチャーズは、女性が自分を大切にし、人生に責任を持つことを学んでほしい、と心から望んでいました。

そして、素晴らしい話し手となることで、実際に何人もの女性を励ましつづけたのです。

2章 自信を持つためにできること

自分の立場を決めて、それを勇気を出して表し、大胆に行動することほど、爽快な経験はありません。

——エレノア・ルーズベルト

あなたは、自分の話し方にどのくらい自信がありますか？　話をしてほしいと頼まれたとき、私よりうまい人がいるからと、固辞していませんか？　失敗してダメな人間だと思われるのを怖れていませんか？　あるいは、準備不足がたたってますます不安になった挙げ句、だれかのふりをして済まそうとしていませんか？　言うまでもなく、だれかのふりには限界があります。そのことは、デボラ・サンプソンの人生を見れば明らかです。

パートタイムの機織《はた》り女工だったサンプソンは、二二歳のときに一計を案じました。男性用のスーツに身を包み、軍隊に入隊したのです。新兵に支給される報奨金に惹かれたのでしょうか。ジョージ・ワシントン大統領の時代の話です。軍隊には、まだ身体検査がありませんでした。

サンプソンはそのまま二年間、女性であることを隠しつづけました。でも、あるとき戦闘で負傷してしまいます。針を持ち歩いていた彼女は、ももに食い込んだ弾丸を自分で取り出しましたが、傷が悪化し、ついに医師に見せる事態になります。万事休す。とうとうすべてがばれてしまいました。当時は女性の入隊が禁じられていましたから、刑事訴追されてもおかしくありませんでしたが、「素晴らしい行動と勇気」を示したとされ、名誉除隊ですみました。

故郷に戻ったサンプソンは結婚し、四人の子どもを生みました。もし経済的に困窮しなければ、おそらくそのまま平穏な人生をおくっていたはずです。けれども軍人恩給をもらえなかった彼女は、生活費を稼ぐために戦時中の冒険談を披露し、プロの講演家としてツアーを組んで各地をまわりはじめます。そんなことをしたアメリカ人女性は、それまでもちろんいませんでした。女性が男性の集まりに参加することを許されただけで、「社会規範が壊れてしまう」と眉をしかめるトーマス・ジェファーソンのような人がいた時代です。

幸い、一八〇二年にボストンのフェデラル劇場で行なわれたサンプソンの講演は、大盛況でした。軍服に身をつつんだサンプソンは、兵士の武器演習のパフォーマンスをし、自信満々にマスケット銃をくるくるとまわしました。ただ、その仕事も長くは続きませんでした。従軍中の負傷がもとで、ずっと病気がちだったからです。晩年は恩給を求めて闘いつづけ、なんとか少額の年金を受け取りましたが、ひっそりと亡くなりました。元兵士として追悼された記録もありません。サンプソンは結局、歴史に埋もれた存在となりました。

▼仮面はいらない

自分は人前に立てるような人間じゃない、という人にとっても、サンプソンは参考になるはずです。彼女は男性の「ふり」をして失敗しましたが、その後、女性はこうあるべきという通念に勇敢に立ち向かいました。あなたも、しり込みするのはやめましょう。チャンスがやってきたら、それをどうつかむかを考えてください。だれでも、練習すればかならず上達します。それを先送りにするから、ますます追いつめられて、せっかくのチャンスが罰ゲームのようになってしまうのです。

不安になったり、あがったりといった後ろ向きの気持ちは、あえて向き合うことでやわらぎ、消えることさえあるのを、あなたはご存じですか？　自分としっかり向き合えば、きっと恐れを乗り越えて、仕事でも私生活でも、目標を達成できるようになるでしょう。

ありのままの自分は美しい

成功した女性のなかには、聴衆の前にいる自分をニセモノのように感じる人がいるということが、さまざまな研究で明らかになっています。彼女たちは、自分がその場にいるべき人間ではない、成功にふさわしくない人間だと思い込んでいるといいます。この、いわゆる「詐欺師症候群」は、男性にも見られますが、女性のほうが欠点を自分の責任と考え、みずからを責める傾向が強いようです。男性は、どちらかというと不運など外的な要因に目を向けがちです。また、男性は女性ほど自分をニセモノと感じることはありません。もっと準備をしていたらうまくできたはずだ、というように考えるのです。私の経験から見ても、男性は自分を実力より上に感じ、女性は実力よりも下に感じやすいといえます。

▼ステップ① 自分の姿を直視する

ある全国的な慈善団体の女性リーダーは、八〇〇人もの人が自分の話を聞きにきたことが信じられませんでした。「本当に私の話を聞きたいの？」。このような後ろ向きの考えをしていると、話すときに「スピーチモード」に陥ってしまいます。聴衆と目を合わせようとしなかったり、固くなってしまったり、早口になってしまったら、「スピーチモード」に入った証拠です。

国際労働組合の地方支部長だったニッキは、あたたかさと静かな自信にあふれていました。私は出会ってすぐ、そんな彼女に惹かれました。地に足のついた姿を見ていると、彼女がアフリカ系アメリカ人初の女性支部長に就任したのもうなずけました。ところが、スピーチ練習を録画するためにカメラがまわりはじめたとたん、ニッキの表情は凍りつき、言葉もたどたどしくなってしまいました。彼女が自分を取り戻したのは、その録画を見たときです。ニッキは、組合長らしくふるまおうとして、本来の自分の成長をはばんでいたことを自覚しました。

自分らしくあることが大事だと気づいたニッキは、その後は以前よりずっとのびのびと話せるようになりました。彼女の例が示すように、詐欺師症候群を克服するための第一歩は、自分への疑いを引き起こしている要因を、しっかり認識することです。

▼ステップ② ついやってしまうしぐさをなくす

スピーチモードに陥っていると、目が死んでしまいます。いくら表情や声に変化をつけても、死んだような目は隠しきれません。そして、目力がなくなると、情熱や熱心さが伝えられなくなります。また、スピーチモードに入ると姿勢が不格好になります。直立不動になったり、手を使うことを忘れてしまうのです。

なかには、なぜか容姿に自信を持てず、なるべく隠れるような場所に立とうとする女性もいます。どうしても自然な身振り手振りができない女性もいます。でも、ジェスチャーや姿勢に気を配らないままでいるかぎり、相手に話をうまく伝えることはできないでしょう。

▼ステップ③ 失敗したら素直に謝ればいい

不適切なボディランゲージや大失言をすると、あなた自身が自分の敵になってしまうことがあります。ペプシコのCEOインドラ・ヌーイもその経験者です。二〇〇五年、コロンビア・ビジネス・スクールで卒業生にスピーチをしたヌーイは、その最中に五大陸を五本の指にたとえ、世界におけるアメリカの立ち位置は中指だと言って、聴衆に「中指を立てて」しまいました。卒業生やその家族の多くは、晴れの場にふさわしくないこのジェスチャーに気分を害しました。

朝の人気番組の司会者だったアン・カリーも、ウィートン大学の卒業式でのスピーチで誤ちをおかしました。功績をあげた卒業生として、ビリー・グラハム牧師、映画監督のウェス・クレイヴン、同時多発テロの犠牲者となったトッド・ビーマーの名前を挙げたのですが、彼らはみな、この大学ではなく、別の州にある同名大学の卒業生でした。

学生や大学関係者は、カリーの間違いに気づきながらもスタンディングオベーションで応じましたが、あとで事実を知ったカリーは恥じ入り、両方の大学に謝罪の手紙を送りました。夜のトーク番組に出演した際には、この失敗が「お酒を飲んで調べものをしてはいけない！」という教訓になったと語っています。

あなたはここまで大きな恥をさらすことはないかもしれませんが、失敗をしてしまったときには、誠実に謝るのがいちばんです。その謝罪に自虐的なユーモアも交えれば、場の雰囲気はさらにやわらぐでしょう。ヌーイものちに謝罪し、自分を受け入れてくれたアメリカに重ねて感謝しました。不適切なジェスチャーも、卒業生の間違いも、心からの誠実な謝罪によって大問題にならずにすんだのです。

（自分らしさを表に出す）

――インド系の女性は、稀有な存在です。複数の仕事を同時にこなす能力と、たくさんのくだらないことに耐える驚くべき力を持っているのですから。

――インドラ・ヌーイ

インドで生まれ、ヒンズー教の家庭に育ち、カトリックの学校に通い、女子だけのロックバンドでギターを演奏し、もし娘が国を出たら死ぬまで断食を続けるというような母親に育てられた少女が、どうやってアメリカの巨大企業のトップに昇りつめたのでしょう。

インドラ・ヌーイは、財政規模で国家にたとえると世界で三七番目に大きな国に匹敵する、大企業ペプシコの経営者です。でも彼女には、「経営者らしい話し方」などというものは存在しません。ヌーイは、仕事のやりがいについて心からの喜びをのびのびと表現しながらも、次の瞬間には、子どもたちに充分なことができていないという罪の意識を隠さず語ります。大きな仕事には犠牲が伴うことを、ヌーイはごまかしません。

彼女はまた、鋭いユーモアのセンスも持っていて、インドの例を引き合いに出しながら、独自の世界観を言葉にしたりします。人種的にも、ヌーイは巨大企業のトップとしては異例中の異例です。フォーチュン500社の経営陣で、マイノリティの女性が占める割合は二パーセントにも達しません。そうした環境にあって、ヌーイはかなり早いうちから、違いを隠すのではなく長所として受け止めることを学んだといいます。ペプシコに採用されたのも、彼女が女性で、外国人で、臆することなく意見を出したからでした。

▼欠点が長所に変わるとき

あなたのすべてを毎日の仕事で発揮すべきです、とヌーイは言います。職場で本来とは違う自分でいても、結局はうまくいきません。母親、娘、妻としての自分を、職場にいるからといって捨てる必要はないのです。自分らしくあるほうが、仕事もうまくいくとヌーイは信じています。

たとえば、ヌーイはインドの文化を仕事にうまく取り入れました。彼女がCEOに昇進した直後、インドに里帰りしたときのことです。友人や近所の人が実家に立ち寄ってくれたので、てっきり自分を祝福してくれるものだと思ったのですが、だれもがこぞって祝ったのはヌーイの母親でした。「あなたは素晴らしい。この子を生んだのはあなたなんですからね。どんなふうに育てたの？　なにを食べさせたの？」

インドラ・ヌーイ
Indra Nooyi

次から次へと賞賛を浴びている母親を見て、ヌーイは自分の会社でも、経営陣の両親にはたらきかけることを思いつきました。アメリカに戻ると、さっそく二七人のトップ経営陣の両親に手書きの手紙を送ります。そしてその手紙で、彼らの貢献をどれほどありがたく思っているかを伝え、これからも連絡を取り合いたいと申し出たのです。ある親は、久しぶりに子どもの成績表をもらって本当にうれしかったと返事をくれました。別の親は、息子はペプシコを辞めようと考えていたけれど、とんでもないと止めたと書いていました。

ヌーイは、自分の生い立ちを考えると、いまここにいるのが信じられないと語ります。一九七八年にアメリカに来た当初、彼女はテレビで、「宅配便の配達人があまりにも早口で、彼の言っていることをだれもまったく理解できない」というCMを見て、これはまるで自分だと感じました。それまでの彼女は、言いたいことをなんでも口にする地雷のような存在でした。

でも大学院では、弱点だった話し方の改善に取り組みました。このとき「どう話すか」を学んだのです。効果的コミュニケーションの授業は、卒業の必修単位でした。ヌーイはぎりぎりで及第しましたが、その大切さを自覚して、もう一度その授業を取り直しました。

大学院時代はお金がなく、大学寮の事務員のアルバイトをして生活費の足しにしていました。就職活動中は、面接でなにを着たらいいかで悩みました。スーツを買うために、五〇ドルを持ってウォルマートに行きましたが、試着室のカーテンが短かすぎて試着できませんでした。インド女性は足首を人前でさらしてはいけないことになっているからです。結局、ヌーイは鮮やかな民族衣装でコンサルティング会社の面接に臨みました。濃紺のスーツを着た受験者のなかで、自分をキワモノのように感じたそうですが、ライバルのなかで自分をアピールした彼女は、みごと合格しました。

（恐れに「ノー」と言う）

――ムカデが幸せに暮らしていると、カエルがこう言いました。

「どの足がどの足のあとに動くんだい?」
ムカデはその言葉が気になって
どう走ったらいいかわからなくなりました。

——エドワード・クラスター

このムカデの混乱は、面接やパネルディスカッション、プレゼンテーションやスピーチのときの気持ちと似ています。外見から話の内容まで、心配事で頭がいっぱいになってしまうと、人は自分のベストを発揮できなくなってしまいます。

さらに、一度でも失敗の経験があると、そのときの記憶が増幅されて、ますます不安になりがちです。頭が真っ白になった、顔が赤くなった、間違ったパワーポイントを持って行ってしまった、質問にとんちんかんな答えをしてしまった、重要なクライアントとの会合に、変な靴を履いていってしまった……。過去の失敗を思い出すと怖くなるでしょう。でも、挑戦していけば、恐怖心や懸念は不思議と消えていくのです。

女性戦士の武器を手に

自分の殻を打ち破るにしろ、否定的な考えを振り払うにしろ、自信という盾で武装し、身を守ることを忘れてはいけません。古代ギリシャを舞台にした人気テレビドラマの女戦士ジーナは、悪魔をけり倒し、冷静に悪者をやっつけました。人前で話すときは、あなたも内なる戦士を呼び覚ましましょう。次の三つを覚えておくと、自信を取り戻すのに役立つはずです。

▼コツ① 期待値は〝そこそこ〟に

女優のサリー・フィールドは、アカデミー賞の受賞スピーチでこう口走りました。「みんな、私のことが好きなのね。いま、私を好きなのね！」。アカデミー賞受賞は大変な栄誉ですから、彼女が興奮するのも無理はありませんが、人前で話すときは、聴衆の期待を過剰に考えてはいけません。聴衆は、なにも人生が変わるほどの話を期待しているわけではないのです。

一方、ある法科大学院の生徒たちに会ったときは、いつもは元気な女子学生が、教室での失言を恐れていることを知って驚きました。そのなかには、クラスメイトにくだらない発言だと思われるのが不安で、質問に答えられないという学生もいました。教授にあてられないように、一学期中席を移動しつづけたという学生もいました。

男子学生は自信を持ってためらうことなく発言しているというのに、女子学生は心配しすぎるあまり、発言やディベートのスキルを身につけるチャンスをみすみす逃しているのです。自分を押さえつけることは、就職・転職活動でも不利になりかねません。

聞き手にもあなた自身にも、現実的でない期待値を設けるのはやめましょう。それを改めるだけで、不安はかなり減ります。そのためにも、まずは恐れていることをすべて書き出してみるべきです。人前で話をするとき、うまくいかないと感じることはなんですか？　気になっていることを挙げてみてください。たとえばこんなことです。

●頭が真っ白になってしまう。
●声が震えて恥ずかしい。
●顔が真っ赤になってしまう。
●間違う。
●質問の答えがわからない。
●ウケ狙いではないところで笑いが起きる。
●聞き手が退屈そうに見える。

では、仮にその心配が的中したとして、今度は聞き手の立場で考えてみてください。たとえば、話し手が緊張していたら、あなたはどう思いますか？　バカにするでしょうか、それとも共感するでしょうか？　実際には、聞き手は話し手の一言ひとことに耳を傾けているわけではありません。話を聞きながらランチのことを考えているかもしれないし、ノートを見ているかもしれないし、メールをチェックしているかもしれません。そう、自分の緊張を意識しすぎなければ、だれも気がつかないことがほとんどなのです。その前提で、それぞれの心配に答えると次のようになります。

頭が真っ白になってしまう　あがり症の人がいちばん心配するのがこれです。でも、これはしっかりした原稿を準備すれば解決します。頭が真っ白になったら、そこで止まって原稿を見て、次に進めばいいのです。もしなにかを飛ばしてしまっても、聞くほうはあなたが話す内容を知らないので気がつきません。

声が震える　きちんとウォーミングアップして声帯をリラックスさせておくと、声の震えはかなり防げます。声質をよくする呼吸とリラクゼーションの方法は、次の章でお教えします。

顔が真っ赤になってしまう　いくら赤くなるなと念じても防げません。でも、じつはまわりの人はたいてい気づいていません。それに、このあとで紹介する呼吸法によっても赤みは改善できます。呼吸が止まったり、浅くなったり速くなったりすると、赤みは増してしまうのです。

間違う　完璧を目指しても無意味です。間違えたら、質疑応答の時間に修正すればいいのです。ただの言い間違えなら、そのまま続けてかまいません。事実と違うことを言ってしまったら、そこに戻って間違いを正し、混乱を避けることもできます。ちょっとした間違いはよくあることです。なんの問題もありません。それでもスピーチは成功します。

質問の答えがわからない　知っているふりはいけません。「それは初めてですが、私はこのように言えると思います」とか、「いまはわかりませんが、調べてあとでお答えします。ここで言えることは……」のように答えるといいでしょう。9章で、難しい質問やひっかけの質問にどう対応するかを、もっとくわしく見ていきます。

笑われる　聴衆のほとんどは真面目です。一部の人がクスクスと笑っていたりすると気になってしかたないものですが、そういうときでも笑顔を浮かべ、うなずきながら話を続けましょう。

退屈される　あなたに芸人のような面白さを期待している人はいません。事前に資料を準備して練習をしておけば、必要なことはきちんと伝えられます。5章と7章で、聞き手の関心に添った説得力あるメッセージの作り方をお教えします。

▼コツ②　あがり症は改善できる

あがり症というのは、突然の脅威に対する身体の反応、いわゆる「闘争・逃走」反応に似ています。たとえば野生の動物に突然出くわすと、人は反射的に身体を守るような反応をします。人前で話す人の多くも、これと同じです。アドレナリンが放出されて心臓がドキドキと波打ち、頭にも身体にも血がめぐっていきます。筋肉がこわばり、呼吸があらくなります。心臓の鼓動が高まり、酸欠気味になり、呼吸が浅く速くなります。

こうした緊張は、完全にはなくせませんが、次のような簡単なエクササイズを試すだけで、かなりの部分は改善できます。

話す前のエクササイズ

《**深呼吸**》胸の上部で浅く速く呼吸していると、心臓の鼓動がますます速くなります。そうではなく、横隔膜を使いましょう。まず鼻から深く息を吸い込み、横隔膜を使って胸を押し上げます。そのまま二、三秒息を止めたら、フーッと音を出しながら吐きます。深く息を吸い、止め、音を出しながら吐く――これをゆっくり何度も繰り返します。自然にできるようになるまで練習しましょう。

《**歩く**》手や足がガクガクしていると感じたら、手をぶらぶらゆっくり振りながら、大股で廊下を歩きましょう。これで余分なエネルギーが放出できます。

《**首と肩をまわす**》首と肩にはものすごいストレスが集中しますから、ここを弛緩《しかん》させてストレスを発散させましょう。あごを胸のほうに引いて頭を左右に振ります（首を痛める可能性があるので、ぐるりとまわすのはやめておきます）。次に前から後ろにゆっくりと動かします。続いて、肩をゆっくりと後ろにまわします。こうすると胸が開き、肩と首の緊張がほぐれます。何度か繰り返しましょう。

《顔をクシャッとさせる》顔の筋肉をくしゃくしゃにして、鼻のまわりに寄せましょう。しばらくそのままにしたあと、ゆっくりとゆるめます。次に大きく目を見開き、しばらくそのままにしてから戻します。さらに大きく口を開き、しばらくそのままにしてリラックスし、下あごを右から左へと動かします。このエクササイズは声帯のウォームアップにもなりますし、声質を高めるのにも役立ちます（ただし、変な顔を人に見られないよう、トイレの中などでやること）。

壇上でのエクササイズ　プレゼンテーションやパネルディスカッションの前に、壇上に座らされることがあります。先ほどのエクササイズを行なったあとでも、聴衆の前で待っているあいだに身体がまた緊張してきたら、次のようなエクササイズをしましょう。先ほどのエクササイズを少し変えただけですが、だれにも気づかれずにリラックスできます。

《深呼吸》先ほどより少し抑えめに深呼吸をします。息を吸い込んで、ゆっくりと吐き出しましょう（マイクに向かって息を吐き出さないよう注意）。

《身体を動かす》椅子に座ったまま筋肉をほぐすこともできます。椅子をテーブルから少し後ろに離します。腰から上を少し前に傾けて、背中を伸ばします。次に足をゆっくりと組み換えます。足を組み替えながら、体重を左右に移動させます。足を組み直したら、足首をまわして緊張をほぐします。同じ向きにゆっくり五回、足首を回転させたら、今度は別の向きに五回まわします。それからまた足を組み替えましょう。これでかなりほぐれます。

《首と肩》椅子のひじかけにひじをつくのはやめましょう。肩がこわばってしまいます。両腕は力を抜いて垂らしておきます。さらに背中を少し張り、肩を下げて少し後ろにそらせると背中が伸びます。

話している最中のエクササイズ　話しているときに頭が真っ白になってしまったら、やっぱり深呼吸がいちばんです。息を吸い込み、少し止めてそれを吐き出すだけなら、三、四秒もかかりません。あなたにはその数秒が永遠のように感じられるかもしれませんが、聴衆にとってはなんでもありません。みんな、あなたが考えを整理しているのだと思うはずです。息を吸い込んで止めるときに下を向けば、原稿を見ることもできます。それを確認したら、息を吐いて、顔を上げて、また話しはじめましょう。魔法のようにうまくいきますよ。

「じつは聞き手はなにも知らない」ということを知る――これはとっておきの秘訣です。彼らは、あなたが次になにを言うつもりかなんて知りません。いちばん大切な部分を飛ばしてしまってもわかりませんし、頭が真っ白になっていても気がつきません。あなたがパニックになってそれを表に出さないかぎり、なにもばれないのです。だから安心して深呼吸して、ノートを見て、息を吐き出し、また続けましょう。

▼コツ③　目的のある練習をする

練習は、必ず声を出して行ないましょう。原稿を書いて頭のなかでひととおり練習するだけではダメです。紙の上に書いたものと、それを声に出したときとでは、まったく違う印象になることが少なくありません。

とはいえ、スピーチを一語一句暗記する必要もありません。丸暗記してしまうと、機械的・人工的な感じになります。話の流れや順番を頭に入れ、次になにを話すかが自然に浮かんでくるようになるのを目標にしましょう。

前向きなイメージを　練習しているあいだは、つねに前向きなイメージを思い描いてください。それだけで、自分の強みに集中でき、自信が湧いてきます。世界的なアスリートは、障害を乗り越えてライバルに勝つ自分を繰り返しイメージすることで、メンタル面を強化しています。ランナーは自分がグループの先頭を切って走るイメージを思い浮かべ、フィギュアスケートの選手は完璧なダブルアクセルを決めるイメージを思い浮かべているのです。ソフトボールの選手なら、ホームランを打ってベースをまわる姿を思い浮かべるかもしれません。

視覚化は、集中し、心配を取り除くためのプロセスです。汗をかいたり、なにかトラブルが起きたり、手厳しい聞き手がいたりする様子を思い描くと、不安が増幅《ぞうふく》されます。つねに悪い結果を思い描いていると、気持ちもそれに応じて暗くなるのです。ですからぜひ、ポジティブなことを思い浮かべてください。時間をかけていい習慣を育てていけば、このテクニックはどんどん効果を増します。不安が強い人は、プレゼンテーションの数週間前からこれを練習しはじめるといいでしょう。それほどでないなら、数日前か前日でもかまいません。

なお、練習の時間は夜寝る前が最適です。ベッドに横たわって、聞き手の前にいる自分を思い浮かべましょう。部屋を見まわすと、すべてがあるべき場所に収まっています。少し早目にそこに到着し、必要な機器もセットアップされています。当日の服装を思い浮かべ、それがとても似合っている自分を想像しましょう。深く息を吸い込み、吐き出しましょう。

続いて、はじめの言葉を声に出して言ってみましょう。主なポイントをおさらいし、これはここで言い、あれはあそこで言い、面白い話をして聴衆の笑いを誘っている姿を想像します。話を締めくくり、話をやめ、笑顔で拍手に応えている姿も描きます。最後に盛りあげて終わります。大きな拍手のなかで喜びを感じましょう。

それがすんだら、今度は聞き手の視点から同じシーンを思い浮かべます。あなたは、静かに自信をみなぎらせて演壇に近づくあなた自身を見ています。あなたの笑顔につられてこちらも笑顔になり、冗談に笑います。主なポイントでは、そうそうとうなずきます。素晴らしい話に感謝して、拍手します。

このように、内側と外側の両方の視点でシーンを思い浮かべる練習を重ねていくことで、テクニックはさらに上達するのです。

当日の決まりごと　トップレベルのアスリートには、コートやピッチに立つ前にかならず行なっている習慣があるものです。たとえば、試合前に同じものを食べるとか、同じ幸運のソックスを履くとか。いつも同じウォーミングアップをする人もいます。こうして行動を決めておくと、試合直前に気が散らずにすみ、プレイに集中できるからです。

彼らと同じように、あなたも人前で話すときはルーティンを決めておくといいでしょう。本番前に、できればひとりで集中できる静かな部屋か場所を準備します。そして目を閉じて、成功パターンを思い浮かべるのです。なにをどう言うかをおさらいしたら、リラクゼーションと呼吸法によって声と身体をウォームアップします。静かな場所がなければ、騒音や雑念を防ぐために音楽を聞くといいでしょう。気持ちが上がるような言葉をテープに吹き込んだり、瞑想《めいそう》したり、したいことを思い出すのもいいでしょう。

そしてもうひとつ。アスリートは、試合のあとでビデオを見て、テクニックを改善したり弱点を見つけたりします。あなたも、スピーチのあとに見直しをする習慣をつけましょう。自分のビデオを見て、うまくいったことや聴衆が反応したことなど、ポジティブな点を少なくとも三点は挙げてください。改善が必要な点については二点にとどめておきます。それをノートに書いておけば、次の機会に活かせます。こうした建設的な分析で、あなたの話し方は確実に変わっていきます。

〝女性に関する〟思い込みをなくす

ヌーイが母親に、ペプシコのCEOになったことを伝えたとき、母親は二つの質問をしたといいます。一つは「あなたにできるの？」、もう一つは「これ以上、目立つ必要があるの？」でした。母親の心配性を受け継いでいたヌーイは、そう言われて、自分の決断が子どもやペプシコ社員にどう影響するのか心配になったといいます。

でも彼女は、その不安を乗り越えて、企業リーダーの新しい顔になりました。彼女は、自分らしくあることで受け入れられ、賞賛されている好例です。それは、彼女がステレオタイプを打ち破り、あとずさりしたり怖気づいたりせず、道を切り開いていった結果でした。

女性が自分らしく堂々と話すためには、次に挙げるような思い込みに気づき、乗り越えることもとても大切です。

思い込み① 女は人や組織を動かせない　ルーシー・ストーンを知っている人はほとんどいないでしょう。ストーンは全米をまわって女性参政権を呼びかけた最初の女性で、かつてはその講演にファンや見物人が詰めかけたほどの大スターでした。もし、いま生きていたらトークショーの司会者になり、ソーシャルメディアで何百万人ものファンを獲得していたかもしれません。キャリアのピークにあった一八五〇年代半ばには、講演料が週に一〇〇〇ドルも集まったといいます。入場券一枚が一二・五セントだったことを考えれば、ものすごいことです。

もちろん、聴衆のなかには彼女に批判的な人もいました。ストーンの両親も、女性の説教は聖書の教えに反するのではないかと心配しました。でも彼女はヤジにもまけず、飛んでくる腐ったリンゴやフライパンも素早くかわしていきました。やがて、人々はストーンのことを「磁石のように人を惹きつける素晴らしい個性と、驚くべき声の持ち主だ」と語るようになりました。「天使の声」とも言われました。持ち前の知性と落ち着いたたたずまい、ユーモアのセンスによって、彼女はついに、反対派の野次馬をも味方につけていったのです。

結局、ストーンが生きているあいだに女性の選挙権を獲得することはできませんでした。でも、彼女が雪道や泥道を馬や馬車で移動し、安宿に泊まりながら国中を行脚してまわったおかげで、多くの人の問題意識が高まり、のちの女性たちは国民の権利を行使できるようになりました。

思い込み② しょせんはただの女の子　メイン州に住むサマンサ・スミスという女の子は、アメリカ大統領がソ連を「悪の帝国」と呼んだことで、「核戦争が起きて地球が滅びてしまうのではないか」と怖れるようになりました。戦争なんてバカげている、そう思ったサマンサは、ソ連のアンドロポフ大統領に手紙を書きました。

――ミスター・アンドロポフさま

わたしのなまえはサマンサ・スミスです。わたしは一〇さいです。だいとうりょうへのしゅうにん、おめでとうございます。わたしはロシアとアメリカがかくせんそうをおこすのではないかとしんぱいしています。これから、せんそうにさんせいしますか？　もしそうでないなら、せんそうにならないためにあなたがどうするかをおしえてください。このしつもんには、こたえなくてもいいけれど、なぜあなたがせかいをせいふくしたいのか、すくなくともなぜわたしたちのくにをせいふくしたいのか、しりたいです。かみさまは、あらそいではなくへいわにくらすために、このせかいをおつくりになったんです。

サマンサ・スミス

すると、なんとアンドロポフ大統領みずからがこの少女に返事を書き、サマンサとその家族をモスクワに招待しました。サマンサは恥ずかしがりやで学芸会にも出たがらないほどでしたが、報道陣の前では堂々としていました。まもなく彼女は「アメリカの最年少大使」として知れわたり、日本のシンポジウムで講演するなど、何度も公の場に姿を現しました。日本のイベントでは、世界の指導者の子どもたちが他国のリーダーの家族と一緒に時間を過ごせるように、「孫娘の国際交流会」を提案しました。

残念なことに、この手紙を書いてから三年後、サマンサと父親は飛行機事故で亡くなりました。テレビ番組の撮影から家に帰る途中のことでした。でも、オーガスタにあるメイン・ステート博物館には、いまもサマンサの銅像が置かれ、国際平和の象徴となっています。

思い込み③ 女性の居場所は「ハウス」にある　これは、下院議長の立場にある女性にとっては正しい言葉です。二〇〇七年、ナンシー・ペロシ議員は、アメリカ初の下院議長《スピーカー・オビ・ザ・ハウス》に選ばれ、世界でもっとも力のある女性のひとりとなりました。下院議長は、大統領継承順位で副大統領に次ぐ重要ポストです。五人の母であり、六人の孫がいるペロシにとって、大きな責任であることは間違いありませんでした。

それればかりか、下院議長になってから三年後には、四〇年来の公約だった医療法案も可決させました。「ワシントンポスト」によると、ペロシは「アルマーニに身を包んだ西海岸の金持ちリベラル」から、「鉄の拳で下院を統率する人物」へと変わりました。その代償は大きい、とペロシは言っています。「目立つ立場にいますから、だれかが殴りかかってくることもあります。でも、自分も殴りかかると決めた以上、殴られる備えもしておくしかありません」

思い込み④ 女は口を出さないもの　一九九六年、商品先物取引委員会の議長だったブルックスレイ・ボーンは、デリバティブ市場への規制を提言しました。でも、そのときアメリカの金融政策を牛耳っていた大物たちは、だれも相手にしてくれませんでした。アラン・グリーンスパンＦＲＢ議長も、アーサー・レビット証券取引委員長も、ロバート・ルービン財務長官や次官のラリー・サマーズも無視したのです。当時、大物たちのなかで唯一の女性だったボーンは孤立しました。「ウォール・ストリート・ジャーナル」は、その状況をこうまとめています。「アメリカの金融規制の大物たちはみな、ボーンに口出しされたくないと思っている」。デリバティブ取引が引き金となって金融危機が起きたのは、その一〇年後のことでした。

二〇〇九年、警鐘を鳴らしたボーンを讃えて、ジョン・F・ケネディ勇気大賞が彼女に送られました。彼女の正しさが証明されたのです。その受賞スピーチでボーンは、ウォーレン・バフェットの言う「金融の大量破壊兵器」への反対を訴えました。彼女はこれからも黙ってはいません。

〈成功への道②：自分を愛し、認める〉

インドラ・ヌーイは、自分らしくあることで、多国籍企業のリーダーとしての尊敬と賞賛を得ています。「やり方が女っぽい」いう批判を受けることもありますが、そんなとき彼女は「そうよ、女の私が経営してるんだから当たり前でしょ」と答えます。

ヌーイのように、あなたも自信をもって自分の色を出しましょう。人前で話すことへの不安を、チャンスに変えましょう。適切な工夫やコツを知れば、不安も劣等感も消えていくはずです。トレーニングを重ねるにつれ、恐怖感は楽しい緊張へと変わります。そしてその楽しい緊張は、あなたのもっともいい部分を引き出すエネルギーとなるのです。

II 身体を使いこなす

3章 正しい声の使い方

そうですね、あの、ええ、この国としても、そうですね、私個人としても、ええ、とても特別なこの瞬間に、そうですね、私たちは、ええ、信じられないような大変な問題を、そうですね、あの、抱えているんです。

――キャロライン・ケネディ

キャロライン・ケネディが上院選で敗れたのは、声の震えが原因だったのでしょうか？　それとも、何度も「そうですね」と繰り返してしまったからでしょうか？

この章では、全体的な印象に声が与える影響の大きさと、適切な声の出し方をお教えします。

キャロラインの声の調子が話題になったのは、「ニューヨークタイムズ」のインタビューがきっかけでした。このインタビュー原稿がそのままオンラインに掲載され、「そうですね」と言った回数を数える人が現れたのです。それからは、彼女がメディアに登場するたびに、「そうですね」を何度もはさんでいることが取りざたされるようになりました。深夜のトークショーやお笑い動画のネタにまでされました。

もちろん、声にまつわるあれこれについて批判された女性は、キャロラインが最初ではありません。長いあいだ、女性の声は男性の声に比べて劣っていると考えられてきました。甲高い声は神経を逆なですることもあります。植民地時代の女性はしゃべりすぎたり、声が大きすぎたりしただけで公に罰を受けていました。がみがみと口うるさい女性は村の広場の水汲み桶に縛りつけられて、井戸の中に降ろされました。うるさい女性は黙るか、さもなければ溺れるかを選ばなければならなかったのです。

魅力ある声を目指す

あらゆるスピーチテクニックのなかで、声はもっとも見過ごされ、活用されていないツールです。多くの講演者は、話す内容やその姿をあれこれと思い悩む割には、声の質にはあまり注意をはらいません。パワーポイントに時間をかけ、外見を心配しても、自分の声がどう聞こえるかについては考えていないのです。でも、声の可能性を最大限に活用しなければ、大きな効果を望むことはできません。いい声は、高級なハイヒールよりもあなたを素敵に見せてくれます。存在感を高めるような声の使い方を学べば、ジミー・チューの靴は必要ないのです。

あなたの声はどんなふうに聞こえるでしょう？　あたたかく、自信を感じさせますか？　それとも、グラスをひっかくようなキーキー声ですか？　女性は男性よりも声が弱点になりがちです。私たちは男性より声帯が短く、そのため声が細く、高く、息つぎも多いといわれます。また昔から、ソプラノよりも深く低いバリトンのほうが、好感度は高いとされています。シェイクスピアは『リア王』のなかで、娘のコーディリアをこのように評しました。「彼女の声はだれより柔らかく、やさしく、そして低かった。女性にとってこれは素晴らしい魅力である」

雑音をなくす

声の可能性を最大限に引き出す第一歩は、間違った使い方を知るところから始まります。「はぁ」「あぁ」「えぇ」といった雑音は、聞き手にとって耳ざわりなばかりか、声の力をそいでしまいます。聞き手の注意は、話の内容よりそうした音にいきがちです。「そうですね」などの口癖も、声の力をそぐ要因になります。次のような声の使い方は、できるだけ避けるように心がけましょう。

《つなぎ言葉》「そうですね」や「ええっと」「あぁ」といった耳ざわりなつなぎ言葉を口にするくらいなら、黙っていたほうがましです。「それで」「だから」などの接続語を何度も繰り返すのもNGです。一分に一度か二度なら気づかれずにすみますが、六度、七度と重なると問題です。ためしに、自分の話し声を録音し、余分なフレーズや音を出していないか、出しているならそれはいつかをチェックしましょう。その言葉が入っているのは文章の始め？　最後？　それとも真ん中？　これらを自覚しなければ、正すことはできません。

《パターンの繰り返し》ダンスでは、同じパターンを繰り返すことで新しいステップが習得できますが、スピーチでは同じパターンで話すのは禁物です。文章の最後でいつも声が小さくなっていませんか？　文章が途中で切れていたり、長すぎたりしませんか？　単調になっていませんか？　聞き手はそうしたパターンにすぐ気づきますし、そうなると内容に集中できなくなります。

《少女のような声》大人の女性が八歳の女の子のような話し方をしていると、「私に期待しないで」とか「私を傷つけないで」と言っているように聞こえます。その昔、ダイアナ妃の高く弱々しい声は、おとぎ話のようなロイヤルウェディングの神秘性を高めましたが、のちに地雷除去運動のための国際大使となったとき、少女っぽさはもう消えていました。その声はしっかりと落ち着いていて、地雷の被害にあった人たちを安心させるものでした。

《鼻声》鼻声で話していると、風邪をひいているのかと思われます。あなたも鼻声なら、その原因は、お腹から声を響かせていないからかもしれません。鼻だけで呼吸していると、鼻のなかで声が反響してしまうのです。また、緊張しているときも鼻声になりがちです。あごと舌がこわばっていると、とくにそうです。こういうときは、あごをゆるめて、舌が上あごにせり上がらないように気をつけましょう。あくびをしながら声を出し、喉の筋肉を拡げてリラックスさせてみてください。

《場にふさわしくない笑い》『サタデーナイトライブ』のキャラクターとしておなじみのリサ・ルーパーとオタクの友だちトッドは、人の気にさわる癖を持った変人です。リサは、バツが悪くなるとかならず鼻を鳴らして笑い、その彼女をトッドがはがいじめにします。あなたは、言葉の終わりをいつも笑い声で締めていませんか？　理由もなく何度も笑い声を出すのは、不安や居心地の悪さを周囲に示しているのも同然です。

コミュニケーションの三つのV

声は、話し手が聞き手とつながるための三つのVのひとつです。話し上手な女性は、三つのVをすべてうまく使っています。その三つとは、ボイス（声）、ビジュアル（姿）、バーバル（言葉）です。「声」とは、耳に聞こえてくるものを指します。「姿」とは聴衆の目に映るものすべてです。アイコンタクト、ボディランゲージ、外見、服装などがこれに含まれます。そして「言葉」とは、メッセージの内容、つまりなにを言うかです。

ほとんどの人は、このなかでいちばん聞き手の記憶に残るのは「言葉」だと思っていますが、それは間違いです。じつは声と姿のほうが、大きな影響を与えるのです。心理学者アルバート・メラビアンの研究によると、講演者の第一印象は、スピーチの内容ではなく、聞き手が見たものと聞いたものから引き出されます。内容が与えるインパクトはわずか七パーセントしかありません。それに比べて声は三八パーセントも占めています。目でとらえる情報はさらに影響が大きく、五五パーセントを占めます。いわゆる「7対38対55のルール」です。

声の響きやボディランゲージが聞き手への印象を形づくる――それが現実なのです。実際、人は言葉以外のメッセージに集中するあまり、その声のトーンや話し手の動きから内容を解釈することが少なくありません。メラビアンはこう書いています。「私たちの沈黙のメッセージが、実際に口にする言葉と矛盾することもあります。いずれにしろ、言葉以外のコミュニケーションは、言葉よりも力を持っているのです。人は言葉よりも行為に重きを置き、それによって感情を理解しようとします」

▼声で強調ポイントを使い分ける

話し手は、そのトピックについてどう感じているかについて、相手に声でヒントを与えています。同じ内容でも、どの言葉を強調するか、あるいはどのように声の調子を変えるかによって、意味は違って聞こえるのです。語尾を上げると質問のように聞こえますし、大きくゆっくり話すと怒りが伝わります。

ではここで、簡単なエクササイズをしてみましょう。ほんの一分ほどで終わります。まずは、次の文章を声に出して読んでください。

「私は彼女が私の財布を盗んだとは言っていません」

読みましたね。ではこの文章をあと七回繰り返して言いましょう。ただし、強調する言葉は毎回変えます。今度は「私は」という言葉を強く言ってみてください。その次は「言っていません」を強調してください。

「私は彼女が私の財布を盗んだとは言っていません」
「私は彼女が私の財布を盗んだとは言っていません」

どうですか？　強調する場所によって意味が変わりますね。「私は」を強調すると、彼女を責めたのは自分ではない、という意味になりますし、「言っていません」を強調すると、そんな疑いをかけたことは一度もないという意味になります。以下、強調部分を変えて言ってみましょう。

〈文章（傍点部分を強調）〉	〈意味〉
「私は彼女が私の財布を盗んだとは**言って**いません」	言っていないがメールなどでほのめかした。
「私は**彼女**が私の財布を盗んだとは言っていません」	彼女ではなく、ほかのだれかが盗んだ。
「私は彼女が私の財布を**盗ん**だとは言っていません」	盗んでいないが、許可なく持っていった。
「私は彼女が**私**の財布を盗んだとは言っていません」	盗まれたのは、私以外のだれかの財布だ。
「私は彼女が私の**財布**を盗んだとは言っていません」	財布ではなく別のものが盗まれた。

意識して磨く

声の力で聴衆を惹きつける達人と言えば、元下院議員のバーバラ・ジョーダンです。コラムニストのモリー・アイバンが、「もし万能の神の役を演じる役者を公募したら、文句なしにジョーダンに決まるだろう」と書いたほどです。ジョーダンの声は明瞭で、広く響きわたりました。その独特の声で、アメリカ人であることの意味を深く語りつづけたおかげで、彼女の言葉は聞く人の魂にまで届きました。

とはいえ、もしジョーダンに生き生きとしたユーモアのセンスがなかったら、その迫力のある声は威圧的に聞こえていたかもしれません。ジョーダンは大変真面目でしたが、自虐的なジョークも得意でした。

一九七七年、ハーバード大学での卒業生へのスピーチもそうでした。彼女はこのとき、ハーバードの教育を「これ以上は望めないほどの、優秀さと知的な達成の証し」だと言い、「私がこの場に立つことは、あなたがたにとって誇らしいことではないかもしれませんが、私にとっては間違いなく誇りです。ボストン大学のロースクールに進んだのも、ハーバードの近くにいられるということがひとつの理由でした」と続けました。そして、テキサス大学時代に黒人代表としてハーバードのディベートチームと闘って引き分けに終わったことを懐かしんだあと、審査員は間違っていたと言ったのです。「もし、みんなが期待したほどハーバードの学生が優秀であれば、彼らが勝っていたはずです。でも同点だった。ということは、本当は私たちが勝っていたのです」

➤努力は実を結ぶ

バーバラ・ジョーダンは、一〇代のころから自分の声が天性の授かりものであることに気づいていました。彼女の両親は三人の娘を、ヒューストンの人種隔離地区で育てあげました。父親のベンは倉庫の事務員で、パートタイムで牧師も務めました。ジョーダンはこの父親から、言いまわしの大切さを学びました。母親もまた、伝道集会でスピーチをしていました。一家の中心にはバプティスト教会があり、その説教のリズムと抑揚《よくよう》が、バーバラにも自然に備わっていきました。

テキサスで生まれ育ったのに、語り口がニューイングランドのケネディ家の伝統を受け継いでいるように思えるのは、大学院時代をボストンで過ごしたことや、ジョン・F・ケネディの大統領選にボランティアとして参加したことが影響しているのでしょうか。いずれにしても、ジョーダンは際立った声のおかげで、自分の非凡さを自覚しました。祖父も彼女の自信をますます強めてくれました。彼はジョーダンに、ほかの子どもたちよりも賢いことを自覚するように教え、「もっとうまくやれる。もっとよくなれる」と言いつづけたのです。

ジョーダンはそんな期待に応えたいと努力を重ね、高校時代には「年間最優秀女子学生」に選ばれることを目標にしました。他のティーンエイジャーが大切だと思うものを、ジョーダンは持っていませんでした。おしゃれな洋服、明るい肌、サラサラの髪……。だから彼女はコンテストに勝つことだけを考えていたといいます。

ジョーダンが自分のスピーチの才能を磨こうと思ったのは、それよりさらに前の一九五〇年、学校集会でのことでした。この日、アフリカ系アメリカ人弁護士の草分けだった女性、エディス・スパーロック・サンプソンというゲストスピーカーが、落ち着いた威厳ある態度でジョーダンの心を揺さぶったのです。サンプソンは生徒たちに、法律の道を歩むことの素晴らしさを語りました。サンプソンの信じがたいほどの存在感を、ジョーダンは忘れられませんでした。

「どんな仕事かはよくわかっていなかったけれど、自分は弁護士になるのだと、小学生のときに宣言したのです」。法科大学院はまだアフリカ系アメリカ人を受け入れはじめたばかりでしたが、ジョーダンは心を決めていました。そして、高校生活最後の年に、彼女はみごと「年間最優秀女子学生」に選ばれ、自分の決めた道を歩みはじめたのです。

▶その声でなにを伝える?

ジョーダンはよく、自分がテキサス州立大学の出身であることを強調しました。テキサス大学から黒人学生を排除するためにつくられたこの大学で、ジョーダンはディベートのチャンピオン、イヤーブックの編集者、女子学生社交クラブのリーダー、学生自治会の委員となりました。法科大学院を受験したときボストン大学を選んだのは、そこが黒人学生を受け入れるわずか二校のうちの一校だったからです。大学では、慣れない土地で孤独を味わいました。一学年は六〇〇人でしたが黒人女性はわずか二人、競争は熾烈《しれつ》でした。ライバルのなかには、一流大学出身者もいました。学友との格差を感じた彼女は、生まれて初めて自分に疑いを抱くようにな

バーバラ・ジョーダン
Barbara Jordan

ります。

黒人だけの新興大学で最良の教えを得たといっても、それが平等ではないことを痛いほど感じました。分離されていることは平等ではないのです。どんな言葉を使っても、その事実は変わりません。それでも自分がなにかを言っても、自分より優秀で聡明で思慮深いだれかが、それを否定します。どう変えたのかを、私はどのように説明していいかわかりません。いまやっと、この経験が私の内面をどう変えたのかを、私はどのように説明していいかわかりません。いまやっと、自分が教育を受けていると思えます。これまでの一六年間の遅れを取り戻しているのです。

新入生のジョーダンは、落第してしまうことを恐れ、ひとりこもって勉強に励みました。自分が苦労しているところをだれにも見られたくなかったからです。大学が休みになっても家に帰るお金がなく、最初のクリスマスはひとりで映画を見て過ごしました。のちにジョーダンは、この苦しかった日々が、彼女にいつも準備万端でいることの大切さを教えてくれたと言っています。ほかの学生と会話をしているときにも、弱点をさとられないように準備していたそうですが、そういう彼女の姿勢は、スピーチにも表れています。一言ひとことがみな、意図的に選ばれているのです。いまどきの政治家の大げさな言いまわしと違って、ジョーダンの言葉には真実味があります。

さて、法律の学位を手に入れたジョーダンは地元ヒューストンに戻り、弁護士事務所を設立します。また、一九六〇年にはケネディの大統領選のボランティアとして国中をまわります。そして一九六六年、テキサス州で初めてのアフリカ系アメリカ人上院議員になりました。さらに、一九七二年に合衆国下院に当選、テキサス州選出初のアフリカ系アメリカ人下院議員にもなりました。

ジョーダンは、しいたげられた人々の権利を守る存在として先頭に立ち、偏見や憎しみや無知に対して、反対運動を開始しました。彼女が一躍有名になったのは、下院の司法委員として、ニクソン大統領の弾劾公聴会で発言したのがきっかけでした。このとき何百万もの人が、民主主義の基本について彼女が語る姿をテレビで見ていました。

先ほど、私たちはアメリカ合衆国憲法序文の冒頭を聞きました。それは、「私たち国民は」で始まります。それは多くを物語っています。けれども、一七八七年九月一七日に憲法が完成したとき、私は、その「国民」には含まれていませんでした。どういうわけか、長いこと、ジョージ・ワシントンとアレクサンダー・ハミルトンは、たまたま私をそこに入れ忘れただけなのではないかと感じていました。そして、修正と解釈と判例によって、私はやっと、「国民」に含められたのです。

彼女はその特徴ある語り口で、ニクソン大統領が法よりも彼自身を上位に置いてしまったこと、そして、なぜその行ないが犯罪なのかを説きました。彼女の周到に準備する習慣は、ここでも存分

に発揮されました。説得力のある議論を論理的に展開して弾劾を支持し、アメリカへの熱い想いをも語り切ると、委員たちは涙を浮かべ、数日もしないうちに彼女を大統領に推す声が上がりはじめました。ジョーダンはもはや五三五名の下院議員のひとりではありませんでした。正義と平等のために声をあげ、周囲を鼓舞するリーダーとなったのです。

私は憲法を全面的に信じます。完全に。そのすべてを信じます。憲法への軽視や腐敗や破壊をただ黙って見すごすわけにはいきません。

——バーバラ・ジョーダン（ウォーターゲート公聴会で）

生き生きとした声になる五つの条件

ところで、声を改善するというとあまり気が進まない人がいます。たぶん、「自分らしさ」を失ってしまうような気がするからでしょう。声は個性の重要な一部ですから、その心配はもっともです。でも実際には、少し変えるだけで、潜在的な声の力に目覚め、あなたの個性をよりよく表現できるのです。ここでは、声を育てるために欠かせない強力なツールとして、「五つの条件」を紹介したいと思います。この五つを用いれば、声をよりコントロールし、より意識的に活用できるようになるはずです。

▼条件① 心地いい声の高さにする

あなたの自然な声は高いほうですか、低いほうですか？　声には、胸から出る声と頭から出る声があります。胸から出る声は、胸の上のほうで響きます。頭から出る声は目と鼻の後ろのあたりで響きます。男性は胸を使う人が多く、そこから低い声が出ます。低い声は、権威や抑制、自信、専門性といった資質を思い起こさせます。ダース・ベーダー役のジェームズ・アール・ジョーンズの、お腹にズシンとくる低い声を思い出してください。「おまえはダークサイドの力を知らない」

一方、頭から出す女性の声は高くなりがちです。高い声は、かしましく耳ざわりな印象を与えることが少なくありません。不安やストレスによって声が高くなったり裏返ったりすると、ますます印象が悪くなります。大声を出すと声が高くなりがちです。騒々しいなかで、あるいは広い部屋のなかで、よく聞こえるようにと声を張り上げると、神経質に聞こえたり、興奮しているように聞こえるのはそのせいです。

もちろん、声を張り上げることでエネルギーや熱意が伝わる場合もあります。たとえば、政治評論家のメアリー・マタリンの声は鋭く、鼻にかかっていて独特です。マタリンは、声のコントロールがうまく、テレビのトークショーでは、その声を活かして論争に割って入ります。

理想的な声は、高音と低音が混じった声です。声の高低や抑揚に幅があれば、聴衆を飽きさせませんが、間のびした一本調子の声だと、聞き手の関心はあなたから離れていきます。重い食事や長い会議のあとはなおさらです。ですから、あなたは声に抑揚をつけ、意識して上げたり下げたりしましょう。それだけで生き生きと感じられます。幅広い音域を活用すれば、あなたの声はいままよりずっと魅力的になります。

▼条件② 適切な速さを保つ

人前で話すとき、その速さは日常会話と同じ速度が理想です。それくらいだと聞き手に心地よく、話し手も考える時間や呼吸をする時間を保てます。文字量でいえば、一分間に約三五〇〜四〇〇字が中くらいの速さです。ためしに、ストップウォッチで時間をはかりながら、このパラグラフから次の見出しまで声に出して読んでみましょう。そして、一分経ったら読むのをやめましょう。もし、それより前に読み終えていたら早すぎです。また最初に戻って読み返しましょう。そのあと、一分で何文字読んだかを数えてください。適度な速さで読めていたでしょうか？

一分間に四五〇字を超えていたら、もっとゆっくり読むべきです。早口の人は真剣に集中して練習しなければなりません。間《ま》を置くことも覚えなければなりません。逆に、一分間に三五〇字も読めない場合は、もっと早く読む必要があります。そのままでは少し遅すぎて、もたついた印象を与えてしまいます。

いつもの会話と同じ程度の速さで話し、ときどきペースを変えるようにすると、あなたの話はがぜん生き生きと聞こえてきます。ペースを変えれば雰囲気が変わるので、話題を転換するときの合図にもなります。また、ペースをゆっくりすれば、そこが重要なポイントだとわかります。より強調して重みが出れば、聞き手はよく注意して聞こうとするはずです。逆に、ペースを速めると活発に聞こえます。話の速度を変えるのは、自動車のギアを変えるのと同じです。

▼条件③　意図的な間《ま》（小休止）をとる

間はとても役に立つツールで、聞き手にとっても必要なものです。それなのに、声のテクニックのなかでもっとも活用されていないのが、この間です。ほとんどの人はめったに間をあけませんし、あけても短かすぎます。間をあける理由は三つです。

①キーワードやフレーズを強調するため。人々の記憶に残る言葉を準備したら、それを言う前に間をあけて、聞き手に注意してほしいという暗黙のメッセージを送りましょう。
②息つぎのため。脳に酸素を送るとリラックスできますし、声の質もコントロールできます。息つぎをしているあいだに、次になにを言うかを考えられるので、まごつくのも防げます。
③主題から次の主題への変わり目をはっきりさせるため。間をとることで、これから次のトピックに移るという合図になります。

間があると、そのあいだに聞き手はあなたの話の内容を自分のなかに取り込めます。その二、三秒のあいだに、言葉の意味をもう一度考え、吸収できるのです。また、間をあければ、聞き手はあなたのペースに合わせることができます。たしかに、先を急ぎたくなるときもあります。以前に同じ話をしているときや、緊張しているときはとくにそうでしょう。でも、聞き手のほとんどは、その話を初めて聞くのです。この事実を忘れてはいけません。

▼条件④ はっきり発音する

自信がないとき、人は口ごもると言われます。人前で話すとき、口になにかをほおばっているような話し方は禁物です。もごもごと話すと、決断力がなく、知的でなく、知識もないと見られがちです。不明瞭に話すのは、相手の目を見ないで話すのと同じだと覚えておきましょう。逆に、子音をはっきりと区切り、母音をこもらせずに発音すると、真剣に聞いてもらえます。

少しゆっくり目に話したほうがいいのは、そのほうがそれぞれの言葉や音節がはっきり発音できるからでもあります。話が急ぎ足になると、語尾が抜け落ちて聞きづらくなってしまいます。速度を落として、音節をはっきりと発音すれば、それだけで聞き手は話を理解しやすくなるのです。

▼条件⑤ 自然な声量にする

声といっても、ほとんど聞き取れないような小さな声から、耳をつんざくような大声までさまざまです。ずっとささやき声だったり、反対にいつも叫び声をあげているのは論外ですが、声の大きさをわざとらしく変えるのも問題です。聞き手の注意を集めようとして大きな声を出したくなる気持ちはわかりますが、その誘惑には抵抗しなければなりません。実際は逆です。一目盛りか二目盛りほど声量を落としたほうが人々が身体を乗り出し、一所懸命に聞こうという雰囲気になります。

もし、あなたがふつうの会話程度の声量ではっきりと話せないなら、呼吸の仕方が間違っているかもしれません。横隔膜を使って息をしていないと、声を響かせることはできません。声を保つためにも、2章で紹介したリラクゼーションのテクニックをぜひマスターしてください。

詩を読んで練習する

では次に、「五つの条件」を満たす練習に絶好の教材を紹介しましょう。エミリー・ブロンテの詩からの引用です。言葉が古めかしく、文章も親しみにくく、一読すると難しいのですが、これをスピードや声の高さや抑揚を変えて読むことで、声の幅を拡げることができます。ほどよく間をはさみ、はっきりと歯切れよく発音することを心がけましょう。

まずは、最初の節を声に出して、この言葉とリズムに慣れましょう。

高く波うつヒース　荒れ狂う突風に伏し
真夜中　そして月明かり　きらめく星々
暗闇と栄光は　喜々と交わり
大地は天に昇り　天は下り

人々の魂は　陰鬱《いんうつ》な牢獄から解き放たれ
足かせを砕《くだ》き　かつまた閂《かんぬき》を破る

ふつうは使わない言葉や特異な言いまわしを声に出して読むと、自然にゆっくりになりますね。

それに、読みながらひとことごとに意味も考えます。

では次に、一行に一つか二つの言葉を選んで蛍光ペンで印をつけましょう（私は次の傍点部分に印をつけました）。そして、今度は印をつけた言葉を強調して読んでみましょう。

高く波うつヒース　荒れ狂う突風に伏し
真夜中　そして月明かり　きらめく星々
暗闇と栄光は　喜々と交わり
大地は天に昇り　天は下り
人々の魂は　陰鬱な牢獄から解き放たれ
足かせを砕き　かつまた閂を破る

一度目よりずっと、言葉に奥行きが出たのではないでしょうか？　それに、声に出すのも楽しかったのでは？　まるで声優にでもなった気分でしょう？　その調子で、今度は友だちを前にして読んでみましょう。「正しい読み方」などありません。あなたの声で、あなたらしく、この詩に命を吹き込んでいきましょう。

高く波うつヒース　荒れ狂う突風に伏し
真夜中そして月明かり　きらめく星々
暗闇と栄光は　喜々と交わり
大地は天に昇り　天は下り
人々の魂は　陰鬱な牢獄から解き放たれ
足かせを砕き　かつまた門を破る

山腹一面を覆《おお》う　荒涼《こうりょう》とした森は
生気を与える風に　ひとつの力強い声を添える
川は歓喜し　土手を引き裂き
谷間を激流となって駆け下り
さらに広く　さらに深く　水は広がり
背後に　荒涼とした荒れ地を残す

輝きまた翳《かげ》り　水かさを増しまた干あがり
真夜中から真昼へ　永遠に変化する
雷鳴《らいめい》のように轟《とどろ》き　優しい調べのように囁《ささや》き
影は影を重ね　進み　躍り
稲妻のようにきらめく閃光は
速《すみ》やかに来たりて　速やかに消える

ここまでくると、もう文字を追っているという感じはしないはずです。抑揚やテンポを変えると、自然に感情のこもった声になります。あなたのお気に入りの詩や読みものでも、同じように試してみてください。そして、次に人前で話す機会に、同じようにすればいいのです。

このほかにも、音域や声質を改善するちょっとしたエクササイズがあります。車のなかでも、皿洗いのあいだでも、ほんの数分でできますが、どれもあなたの秘めた能力を開花させてくれます。

《絵本を読む》『くまのプーさん』でもなんでも、好きな絵本を選んで、登場人物ごとに声を変えて読んでみましょう。

《早口言葉を練習する》早口言葉をひとつ選び、大きな声で何回か練習しましょう。ただし、あまり速く言いすぎて言葉をはっきり発音できないのはいけません。

《**歌を歌う**》お気に入りの歌を歌ったり、好きな歌手をまねしたりしてみましょう（ちなみに私のお勧めは、アレサ・フランクリンの「リスペクト」です）。

《**ものまねをする**》その日に出会った人のだれかをまねてみましょう。あなたの創造性を解放し、新鮮な気持ちで自由に表現する感覚を味わいましょう。

（効果抜群の一工夫）

バーバラ・ジョーダンは、中古車のセールスマンのように身振り手振りで自分を売り込むことも、啓発セミナーの講演者のように演壇で大声を出すこともありませんでした。彼女はその素晴らしい声に、自分の主張を投影させたのです。のちには多発性硬化症を患って歩けなくなりましたが、身体が思うように動かなくなっても、声の力は健在でした。

さて、生き生きとした声を出すための「五つの条件」をマスターしたら、次はもう一工夫の練習です。教材には、ジョーダンが一九七二年の民主党大会で行なった「だれが国民全体の声を代弁するのか？」と題する基調演説の一節を使いました。

➤工夫① あふれる自信を示す

ジョーダンは、たとえ自信を失っていても、それをスピーチに出すことはありませんでした。檀上に立つジョーダンの声のトーン、速度、抑揚、間合いは、いつも自信にあふれていました。この民主党大会のスピーチでも、民主党の創立から一四四年後に、初めて女性が基調講演をしているということの意義を、堂々と語りました。

……でも、今夜はなにかが違います。なにかが特別なのです。なにが違うのでしょう？　なにが特別なのでしょう？

この私、バーバラ・ジョーダンが基調講演を行なっているということです。

一八三二年以来、長い年月が流れましたが、アメリカの政党がバーバラ・ジョーダンに基調講演を依頼するなど、ありえないことでした。ですが今夜、私はここにいます。そして、過去はともあれ、いま私がここにいるということは、アメリカンドリームが死んでいないという証拠なのです。

▼工夫②　意図的に繰り返す

ジョーダンのこのスピーチは、拍手の時間を除くとおよそ二〇分ほどでしたが、その短いあいだに、彼女は一七回も「国民全体の善」についてふれ、関連するフレーズを繰り返しました。そうすることで、聴衆の心にメッセージを刻み込んだのです。そのフレーズとは、「国民全体の善」「国民全体の精神」「国民全体の運命」、そして「国家というコミュニティ」です。また、キーワードも何度も繰り返されています。ジョーダンは「共有する」という言葉を五回、「統治の概念」を四回も繰り返しています。

➤工夫③　必要に応じて強調する

強調したい言葉は、一語ずつはっきり言い（次の例文の「・」のある部分）、間もあけましょう。

私たちは、国・家（間）というコ・ミュ・ニ・ティ（間）を探しています。

私たちは、多・民・族・党で……

それは、公人にとって偽・善・的で……

私たちの統・治の概念は……

➤工夫④　声量に変化を与える

ジョーダンは、相手の予想を裏切るように声の大きさを変えました。文末に必ず小さな声になる人もいれば、逆に声を上げる人もいますが、ジョーダンは文章の途中で声量を変えることで変化をつけました。次の二つの文章にも、それが現れています（傍点部分が声が大きくなっているところです）。

一　私たちは、国民すべてが（間。ゆっくり話す）平等になれるような社会を創造し維持する、という国家の目的を達成するために力を注いでいます。
この基本となる原則が、短期的な政治利益のために見過ごされてはならないことを、私たち全員で理解しましょう。この原則こそ、アメリカという国家のすべてです。アメリカらしさの基本になるのが、この原則です。この原則に、交渉の余地はない（間）のです。

ジョーダンはまた、徐々に声を大きくするテクニックにも優れていました。次の文章では、傍点部分で声を次第に大きくして、意図的に最後で盛りあげています。

私たちには素晴らしい未来が見えます。いつの日か、アメリカの約束と現実のギャップがなくなるという未来です。私たちはそれを信じています。

➤工夫⑤ 句読点の代わりに区切る

では、それはどのような信条でしょう?
国民すべてを受け入れましょう。
私たちはそれを信じています。
そうあるはずです。
やればできます。

かならずや
そうしなければなりません。
バランスをとりましょう。

〈声への気配りと手入れ〉

声に抑揚をつけ、聞き手の関心を引きつける練習はここまでです。が、新たな活力とバイタリティは、どんなときも忘れてはいけません。私は中学生のころ、ブラスバンドでトランペットを吹いていました。楽器をきちんと手入れして、いいコンディションに保つのは自分の責任ですから、まめにバルブに油をさし、マウスピースを掃除したものです。あなたの声も楽器と同じです。コンディションを保つには、定期的なメンテナンスが欠かせません。あなたの声がいつも最高の状態になるよう、少なくとも人前で話す前には、次のような気配りや手入れをしましょう。

➤声のために

《ウォームアップ》肩をゆっくりまわしましょう。胸を大きく開きましょう。ゆっくりと口を開けたり閉じたりしましょう。顔まわりに意識を集中し、クビの筋肉をゆるめましょう。

《ひとりごと》「五つの条件」にのっとって声を出してみましょう。

《ヨガの呼吸》鼻から深く息を吸い込み、一拍か二拍数え、ゆっくりと口から息を出しましょう。これを落ち着くまで繰り返します。

《水》声帯を潤すために、水分はできるだけとりましょう。ただし、冷たい水は声帯を縮めてしまうので、温かいお茶か常温のお水にします。

《のど飴》口のなかがザラザラしないよう、潤いを保ちましょう。

《加湿器》乾燥は声帯の大敵です。

▶声の大敵

《乳製品やチョコレート》口のなかに膜をつくります。

《炭酸水》ゲップが出たら大変です。

《アルコール》万が一にも、ろれつがまわらなくならないように気をつけましょう。

《カフェイン》利尿作用があるので水分が失われてしまいます。

《タバコ》自分が吸うのはもちろん、他人からの副流煙でも声帯を痛めます。

《咳》咳が続くと会場の気が散ってしまいます。はちみつやレモンでのどを潤すなどして、口中はつねになめらかに保ちましょう。

《怒鳴り声》のどを痛めます。

（成功への道③：声を磨けば「特別な存在」になれる）

一九八四年、バーバラ・ジョーダンは「世界でもっとも偉大な演説者」として表彰されました。彼女の貢献の大きさと深さは、はかりしれません。ジョーダンは、声の力によって一層特別な存在となった非凡なアメリカ人だといえるでしょう。でも、あなただって「声の力で特別な存在になる」ことはできるのです。この章で紹介したトレーニングや、ちょっとしたコツを実践すれば、「声で威厳を伝える」魅力的な女性に変身することでしょう。

4章

凛とした立ち方、座り方

だから私は近所のどんな男子より、ボールを投げることも、パンチをくらわすことも上手になったのです。
——ミシェル・オバマ（国際オリンピック委員会総会で）

ミシェル・オバマの父親は、シカゴの黒人中流層が住む地域で、子どもたちにスポーツを教えていました。彼女のスポーツの才能は父親ゆずりです。父親のおかげでミシェルは「自信、チームワーク、男子と同等に競争すること」を学んだのです。ホワイトハウスに入ってからも、彼女はスポーツの大切さを強調し、自分や家族はもちろん、アメリカ中の子どもたちの健康な身体づくりに努めてきました。それが多くの人に運動をうながし、彼女の講演家としての成功にも役立ちました。

大統領夫人として最初に行なった国際的なスピーチも、二〇一六年のシカゴオリンピック招致のためのものでした。私はこのとき、そのスピーチのサポートチームの一員として、ミシェルのリハーサルを見守りました。厳重な警備の必要上から、場所はスピーチ練習専用の訓練センターではなく、外国の要人がよく利用し、シークレットサービスが動きやすいホテルの客室が選ばれました。

▼オバマ大統領夫人の教訓

最初の練習は、大統領専用機が到着して数時間のうちに始まりました。オリンピック委員会のメンバーとのミーティングを終えたミシェルは、息を切らしながら部屋に到着しました。長旅でさすがに足は疲れたようですが、有名デザイナーのドレスを着た姿はハッとするほど美しく、練習への準備は万端でした。そのスピーチで彼女は、父親の膝に座って、ナディア・コマネチやオルガ・コルブトといったスターをテレビで見ていたことを懐かしみました。また、多発性硬化症のために、野球場で杖をつきながら子どもたちと過ごしていた父親を回想しました。そして、父親が彼女に不可能はないという気持ちを植えつけてくれたことや、オリンピック選手が競いあう姿を見ることで人生が変わるということを、みごとに表現しました。

でも、数回の練習のあと、私は夫人の肩が少し内側になっていることに気づきました。よく聞いてみると、以前に、手と腕を演壇の上に乗せて、少し前のめり気味に身体を安定させるよう指導されたとの

ミシェル・オバマ
Michelle Obama

ことでした。残念ながら、一八〇センチもある長身の女性に、これはいいアドバイスではありません。演壇によりかかると、どうしても猫背気味になってしまうのです。

そこで私は、彼女の体格を最大限に活かすよう、「チャンピオンのように立つ」ことを勧めました。彼女はすぐにそのアドバイスを聞き入れて、姿勢を正しました。堂々とした立ち姿はミシェルに似合っていましたし、彼女自身も喜んでいたと思います。結局、二〇一六年のオリンピック開催地はブラジルに決まりましたが、メディアはこぞって、ミシェルのスピーチが招致活動の精神的支柱になったと賞賛しました。

「チャンピオンのような立ち方」を心がけるべきなのは、背が高いファーストレディだけではありません。強い存在感を表すこの姿勢は、どんな背の高さのどんな人にも効果があります。

「見え方」で印象を変えていく

スピーチの達人は、全身を使って表現します。自分のすべてを出し切れば、身体がくたくたになります。アドレナリンが放出されて心臓の鼓動が早まり、手のひらに汗がにじみます。脳細胞が活性化し、頭が冴えて集中します。声帯も伸びて、声が部屋の奥まで響きます。二〇分も話していると、一キロ以上も疾走したような気分になるかもしれません。最高の話し手は、最高のアスリートのように、身体全体を使ってパフォーマンスを頂点にもっていくのです。

あなたは、自分のどんなボディランゲージが相手に伝わっているかを知っていますか？　それはあなたの能力と意図を正しく伝えていますか？　弱々しい姿勢になっていませんか？　手の動きが激しすぎませんか？　アイコンタクトを忘れていませんか？

この章では、コミュニケーションの三つのVのうちの二番目、「姿」について取り上げます。人々の記憶に強く影響するのは、「なにを言うか」よりも、「どう見えるか」です。それなのに多くの話し手は、ボディランゲージの影響を自覚できていません。大げさなしぐさも小さなジェスチャーも、言葉より雄弁なのにです。

▼認知的不調和

認知的不調和とは、あなたが行なったと思っていることと、実際に相手が感じることとのギャップです。あなたのセルフイメージはあまりあてになりません。うまく話せたと思っていても、聞き手は、あなたがずっと指でテーブルをたたいていたのが気になって、話があまり耳に入らなかったかもしれません。逆に、手が震えて声もかすれたので大失敗したと思っていても、聞き手はあなたの創造性豊かなプレゼンテーションに夢中になって、震えにもかすれ声にもまったく気づかなかったかもしれません。

では、自分がなにを伝えているかを正確に知るにはどうすればいいのでしょう？　それには、自分の行動を観察するしかありません。同僚から感想を聞くだけでは不十分です。

あるとき、教育団体の活動家が、上司に言われて私の訓練クラスにやってきました。プレゼンテーションがあわただしく、まとまりがないために、彼女の能力までも疑われてしまうというのが、指導を受けにきた理由でした。私と会った彼女は開口一番、こう言いました。「早口だって言われます」。彼女はそれを何度も早口で繰り返しました。「自分が早口なのはわかってます。昔からそうでしたから。ゆっくり話せないんです」。彼女は周囲の反応を自覚していたにもかかわらず、それを直して自分が変わらなければならないと、まだ真剣には思っていないようでした。

ところが、訓練のビデオテープを再生すると、態度が一変しました。「私、本当に早口だわ！」。そこに映る自分は、終始せかせかと話し、手の動きがぎこちなく、目もそわそわと漂っていました。落ち着きのない話しぶりが聞き手にどんなふうに伝わるのかを、彼女はようやく自覚したのです。

▶ジェスチャーとアイコンタクトの名人

ボディランゲージといえば、パット・サミット以上の好例はないでしょう。この世界最高のバスケットボールのコーチは、二二歳の若さでテネシー大学の女子バスケットボールチームのヘッドコーチになり、その三〇年後にはバスケットボールのコートに彼女の名前がつけられるほどになりました。その名も「ザ・サミット」です。

彼女はこれまで、男女を通じたどのコーチよりも多くの勝利を記録してきました。決まり文句は「勝者は伝え合う」。コミュニケーションの必要性を固く信じることで、テネシー大学女子バスケットボールチームを勝利に導いてきたのです。

スピーチの達人たちと同じように、サミットも敗北から教訓を得てきました。ある日、サミットがひとりの選手のユニフォームをつかんで怒鳴っている写真が、全国紙の一面を飾りました。大接戦の試合の終盤、その選手がボールをまわさずに三点シュートを放ったことで、敵にやすやすと得点を許してしまった――だから、サミットは冷静さを失ったのです。でも、新聞の一面でその写真を見たときはもっと動揺しました。

本来、彼女は椅子を投げたり選手を殴ったりするようなコーチではありません。代わりに、鋭い眼差しで強い気持ちを伝えることで知られていました。その厳しい視線は、息子でさえ、サングラスをかけてくれと頼むほどの迫力です。サミットは、アイコンタクトは自尊心と他者を尊ぶ気持ちの表れだと言います。「それは、話している相手をしっかりと見つめられるだけの自信があるという証拠だし、相手に一〇〇パーセントの注意を向けている証拠でもあります」

人前で話すときも同じです。聴衆とのアイコンタクトは、ビジュアルテクニックのなかでもいちばん重要です。

（ボディランゲージを徹底的にチェックする）

ではここからは、上手なアイコンタクトと効果的なボディランゲージの方法を紹介しましょう。

▼ステップ① アイコンタクト

パット・サミット
Pat Sammit

アイコンタクトが重要なのはサミットの言うとおりですが、聴衆を追い払いたいのでなければ、彼女のようににらみをきかせてはいけません。じっと見つめたり、にらみつけたりすると、相手にプレッシャーや緊張を与えてしまいます。とはいえ、しっかりと聞き手を見つめることは大事です。適切なアイコンタクトは、信頼感や誠実さ、真剣さを相手に伝えます。あなたの存在感を印象づけ、つながりを維持するためには欠かせません。目が泳いでいるだけで、あなたへの信頼が一瞬で吹き飛ぶこともあるほどです。アイコンタクトが弱かったり、まったくなかったりすれば、準備不足か知識不足だと思われます。

アイコンタクトは、話し手と聞き手の双方に役立ちます。適切なアイコンタクトによって、聞き手は話し手とつながり、話し手は自分がうまく話しているかどうかを正確にはかることができます。人々はあなたにどんなサインを送っているでしょう？　あなたに注目し、話を聞いていますか？　理解しているように見えますか？　それとも混乱しているようですか？　あなたにアイコンタクトを返してこない場合は、退屈している証拠かもしれません。

してはいけない目や頭の動き

- 頭を左右にゆらゆらさせる――まるでテニスを観戦しているようでみっともない。
- 目をキョロキョロさせる――首も目も疲れてしまうし、聞き手も目を合わせてもらえないと感じてしまう。
- ずっと原稿を見ている。
- 答えを探して天井を見つめる。
- 聴衆に背中を向けてパワーポイントを読む。

フォーボックス作戦　これは、聞き手が一〇人でも一万人でも、全員をきちんと見つめることを可能にする作戦です。これによって、部屋の隅から隅まですべてを見渡しながら、一度に一人ひとりに訴えているような、質の高いアイコンタクトができます。

まず、頭のなかで部屋のなかに縦と横の線を引き、四つのボックスに区切ります。そして、その人たちの前に立っている自分を想像します。

次に、それぞれのボックスに番号をつけたら、一番目のボックスに目を向けて、そこに座っている人のひとりに話しかけます。続いて二番目のボックスに目線を移し、そのなかのひとりだけを見つめます。以下、三番目、四番目も同様に続けます。ひとつの文章、あるいはひとつの考えを話し終えるまで、その相手から目を離してはいけません。ひとつの文章か考えを全部言葉に出すまでずっと、ひとりを見つめつづけるのです。一対一で話すときよりも長い時間、相手を見つめることとなるはずです。

最初のうちは、その人をじっと見すぎているように感じるかもしれません。たしかに、研究によると、人は一対一で話す場合に

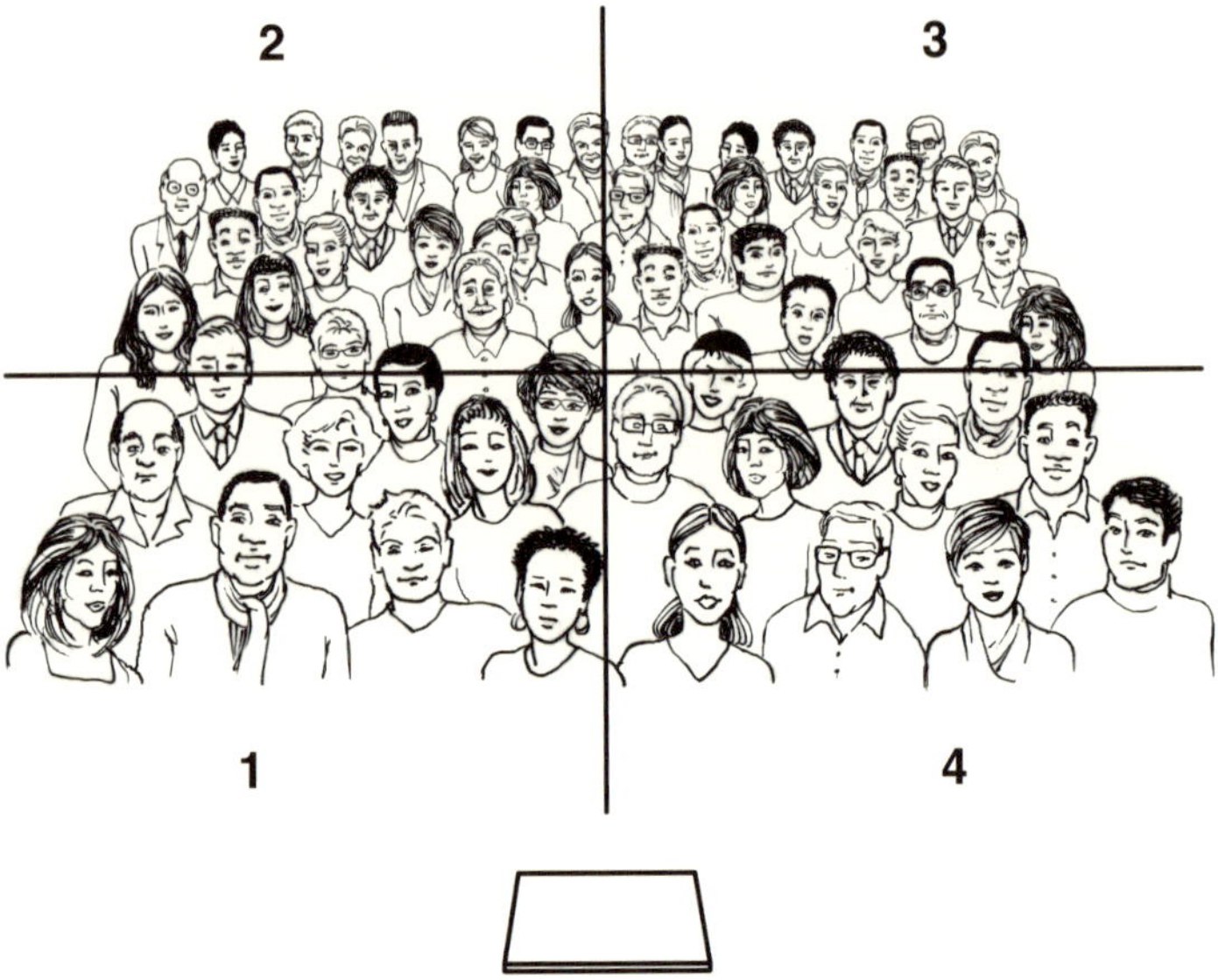

は二、三秒で目をそらすそうです。でも、複数の人に向かって話すときは、目を部屋のあちこちに泳がせてはいけません。長めのアイコンタクトによって自信が伝わるからです。

四つのボックスを一巡したら、また最初のボックスに戻りましょう。そして、今度は違う人を見つめます。二番目のボックスも同じです。それぞれのボックスで、最初とは違う人を見ていきます。本番でこれを行なう前に、何度か練習をしてください。練習しているうちに慣れてきて、意識しなくても時計まわりで見られるようになります。

といっても、かならずしもボックスの一から四に順に視線を移動させなくてもかまいません。順番はランダムでいいですし、時計まわりかどうかも重要ではありません。大事なのは、ひとつの考えを話し終わるまで、ひとりの人と

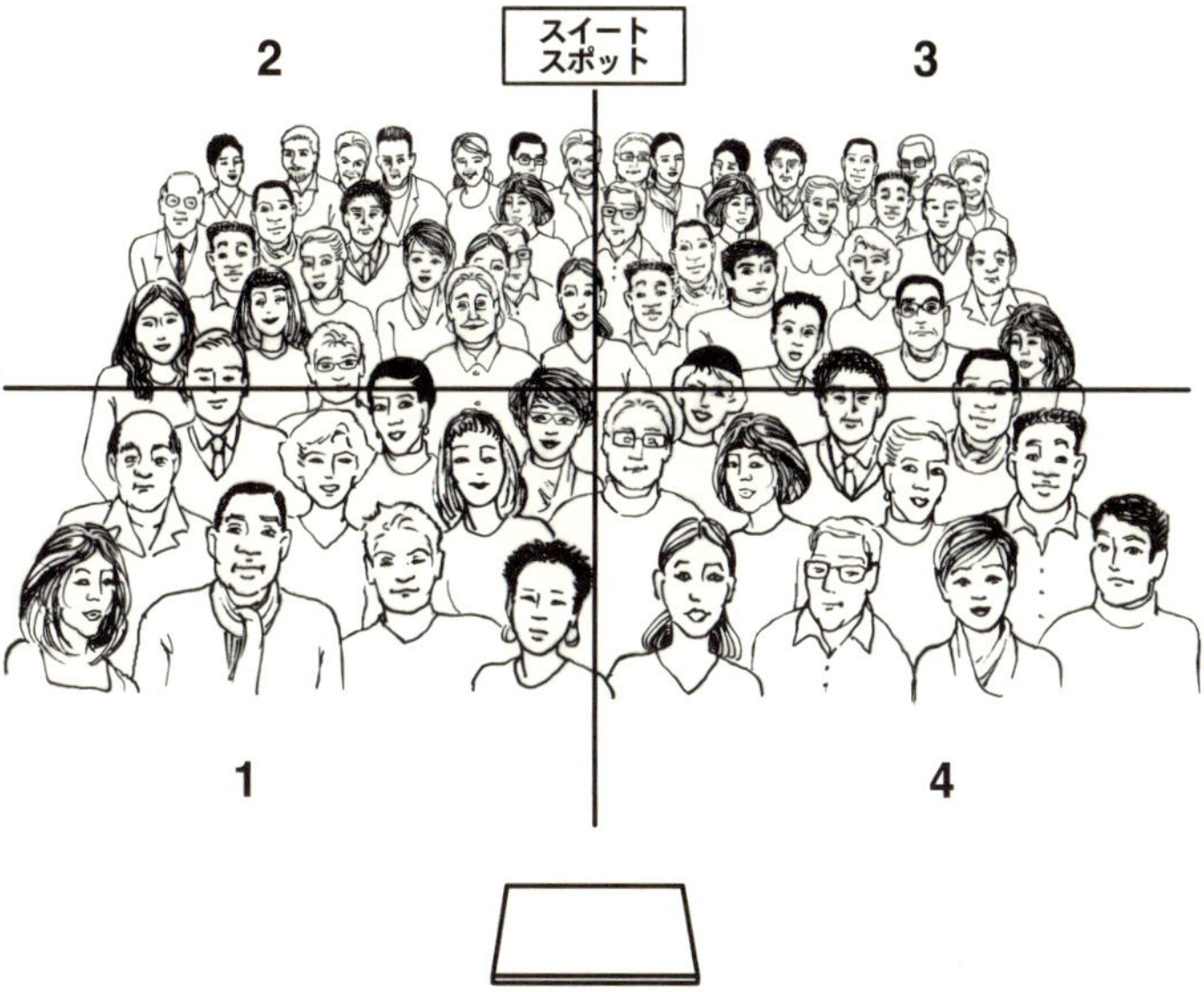

目を合わせつづけることです。

スイートスポット作戦　一方、一度に全員と目を合わせたいときは、スイートスポット作戦が有効です。まずは、目の位置を定めます。あなたの真正面のいちばん奥に座っている人の頭の少し上あたり、つまり部屋の奥の中央、そこがスイートスポットです。ここを見つめると、実際にはだれも見ていないのに、全員を見つめているように見えるのです。

スイートスポットに視線を集中させると、少しあごが上がり、部屋全体に訴えかけるようなかたちになります。スピーチの最初にあいさつをするときと、最後のまとめのときには、スイートスポットを見つめましょう。話の最中でも、全員に訴えたい重要なポイントでは、この作戦を使うといいでしょう。

▼ステップ② 姿勢

サミットコーチは試合中、コート内の全員に彼女が見えるよう、コートの脇で立ち上がり、「交通警官とオーケストラの指揮者を足して二で割ったような体勢」で、身体全体を動かしています。試合中の緊迫した場面ではとくに、自信と力強さを伝えるために姿勢を意識しているそうです。どのような姿勢で立っているかは、あなたが思う以上に、さまざまなことを伝えています。

悪い姿勢の例

《セクシー女優》突き出した腰に片手をあてて立っていると、「ちょっとそこのお兄さん、こっちに来ない？」という声が聞こえてきそうです。

《足首を交差》これは不安の表れです。だいいち危険です。歩き出そうとした瞬間、顔から転んでしまったら一大事です。

《揺れる》シーソーのようにゆらゆら揺れていると、タイタニックのデッキ上で話しているように見えてしまいます。その船は沈んでいく運命にあります。

《スーパーウーマン》両手を腰にあて、胸を思い切り張って、足を肩幅に開いていると、力強そうには見えますが、少々コミカルにも見えます。小柄な人はとくにそうです。

《頭をかしげる》話を聞いているのかもしれませんが、これでは従順な犬のようです。

《気をつけ！》腕を固く伸ばし、背中をピンと張って肩に力を入れていると、あなたも聞くほうも疲れてしまいます。もっとリラックスしましょう。

《いちじくの葉》女性の大切な部分に手を置かないほうがいいでしょう。この姿勢は落ち着くかもしれませんが、あなたの不安を表してしまいます。

《腕組み》胸の前で腕を組んでいると、守りに入っているか退屈しているように見えます。

チャンピオンスタンス作戦　チャンピオンのような立ち方は、リラックスしていながら威厳と自信を伝えることに役立ちます。いま、ここで試してみましょう。立ち上がって、一方の足をもう一方の足の少し前に出してください。どちらでも、あなたが落ち着くほうを前に。実際に試して確認

チャンピオンスタンス

①片足を前に出す。
②後ろ足に重心をのせる。
③顔を前に向ける。
④頭を上げる。
⑤肩を後ろに落とす。
⑥体重を前に傾ける。
⑦にっこり笑顔。

してください。それからまっすぐに立って後ろの足に少し重心を傾けます。足はあまり開かず、ひざは固定させない。テニス選手やダウンヒルのスキー選手のように、ひざはゆるめた状態にします。こうすると気分がリラックスしますし、堅苦しさがなくなります。逆に、ひざが固まっていると、緊張が背筋に伝わり、首や肩がこわばってしまいます。

足の位置が決まり、重心を少し後ろ足に移したら、顔を前に傾けましょう。そして、背骨の下のほうから糸で引っ張られている様子を想像します。その糸が背骨から首を通って頭のてっぺんまで伸びている、と思ってください。さらに、その糸があなたの頭から天井までつながっていると想像しましょう。続いて肩を少し下げます。胸を突き出してはいけません。肩は後ろに落として、腕を両脇にゆったりとおろします。肩を後ろに落とすのが、チャンピオンのように見えるコツです。

たぶんこの時点で、重心を前足に移したくなるはずです。前へ動くことでひざがゆるみ、聞き手のほうに身体が傾くと、より双方向的《インタラクティブ》な印象が生まれます。この姿勢を保てば、身体が横に揺れることもありません。鏡の前でも練習してみてください。

座るべきか、立つべきか　チャンピオンスタンスで立つと、見た目も聞こえ方もよくなります。より存在感が増し、場を支配しやすくなります。質疑応答のときなどはとくにそうです。でも、座って話すほうがいい場合もあります。そんなときはどうするか？　心配はいりません、チャンピオンスタンスは、座ったときにも応用できます。さっそくやってみましょう。肩を後ろに下げて、ま

着席時のチャンピオンスタンス

①まっすぐに座る。
②肩を後ろに下げる。
③腰から前に身体を傾ける。手と腕を交差してテーブルに置く。
④どちらかの手を上に重ねる。
⑤にっこり笑顔。

っすぐに座ります。腕や足を組んではいけません。このときも、肩を落とすとプロらしく見えます。次に、腰のあたりから、背中をまっすぐに保ったまま上半身を聴衆のほうに傾けましょう。肩を内側に丸めないこと。そして、腰からほんの少しだけ身体を前に傾けます。

テーブルや机がある場合は、手と腕をその上に置きます。腕でVの字を作るといいでしょう。腕を身体と並行にしてはいけません。そうすると肩が上がってしまうからです。腕はVの字にして片方の手をもう片方の上に重ねます。このとき、指は絡ませないようにしてください。

▼ステップ③ 動き

身体の動きは、意図的でなければ効果がありません。うまく動けばインタラクティブに見えますし、熱意も伝わり、聞き手の関心を惹きつけられます。問題は、どう動くか、どう歩くかです。あなたがコードにひっかかるのではないかと聞き手を心配させたり、プロジェクターの前に立ってスライドを見えなくしたりしたら台なしです。動きの基本はふたつあります。ひとつは演台の後ろでの動き。もうひとつは、ステージ上での動きです。

まず、演台での動きです。定位置でスピーチをするとき、話し手の多くはだんだん視野が狭くなっていきます。演台の両端に手を置き、身体を固定し、動きといえばたまに首を動かしたり、目線を移動させるくらいでしょう。でも、これでは不自然でぎこちなく見えます。ふだんの会話には、かならず動きがあるものです。

そこで、ふたたびフォーボックスに戻って、もうひとつテクニックを加えます。一番目のボックスにいるだれかを見つめるときに、首だけではなく、腰から身体を動かしてその人のほうを向くのです。こうすれば、熱心に語りかけていながら同時にリラックスして見えます。だれかと一対一で話すときには、その人のほうに向きますよね。聴衆に対しても、それと同じように身体を動かしてください。

腰のひねり方　腰からひねってだれかのほうに身体を向けるときは、自分の両肩がその相手の真正面になるまでひねります。演台から手を離せば簡単にできるはずです。次のボックスのだれかを見つめるときにも、また腰からひねります。腰からひねれば、首を大きくまわさなくてすみます。首がまわっていると感じたら、それは身体全体を動かしたほうがいいという証拠です。身体を動かせば、相手を真正面から見ることができ、相手もより見つめられているのを感じます。実際にそうなのですから。

ステージ上の動き

一方、演台がない場合は、ステージ上または部屋のなかを動くことになります。このとき注意したいのは、前後の動きです。一、二歩進んで後ずさりするというように、前後に行ったり来たりしていると、動物園の檻にとらわれたライオンのように見えてしまいます。

理想は「三点移動」です。まず、話はじめる前に、フロア上に三つの星を思い描きます。そして、最初は逆三角形の下の頂点に立ちます。中央後ろから始めると、動くときには聴衆に向かっていくことになります。後ろに歩いてはいけません。とくに最初は。そうでないと頼りなく見えてしまいます。

しばらく下の頂点にとどまったら、二点のうちのどちらかに歩きます。ただし、数行または数パラグラフは話し終わってから動くこと。次の星まで歩いたら、またそこにしばらくとどまります。このとき前後にゆらゆらしてはいけません。そこからまた次の星に歩きます。移動中は、聴衆に背中を向けないよう気をつけてください。そのためには少し横歩きしなければなりませんが、練習すればすぐできるようになります。また、動きが早すぎると、あなたも聴衆も疲れてしまいますから、ペースを抑えるよう心がけましょう。

▼ステップ④　表情

表情は言葉に合ったものでなければなりません。ハッピーだと言うときには、ハッピーに見えるようにすべきです。当たり前のことですが、たいていの人はできていません。話し手ははじめに、「今日はこの会に参加できて大変うれしく思います」などと言いますが、全然うれしそうでない顔をしてる人がほとんどなのです。もしも、あなた自身が話のテーマに熱心でないように見えたら、聴衆も話を聞く気にならないでしょう。もともと表情の乏しい人もいますが、人前で話すときにポーカーフェイスはふさわしくありません。進化論を唱えたチャールズ・ダーウィンは、初期の著作で表情の研究をしていますが、それによると、類人猿の顔の筋肉は人間と同じで、人間のように豊かな表情をつくれるそうです。サルに豊かな表情がつくれるのなら、私たちにもできるはずです。

楽しげな顔　話し手が笑顔で話しはじめると、聞き手も笑顔を返してくれることが多いものです。だれだって無表情よりも笑顔の聴衆を相手にするほうがいいはずです。元来、女性は男性よりも表情豊かです。仕事場でニコニコするのはよくないと誤解している女性もいますが、笑顔は自信を表します。とはいえ、感じのよくない笑顔もあります。口をきっちり結んだ笑顔は、怒りや拒絶を押し殺しているように見えることがありますし、ゆがんだ笑顔は皮肉のようにも感じられます。また、嘘の表情が聴衆にばれることも研究で明らかになっていますから、笑いたくないのに笑顔をつくる

「せかせか、もじもじ、そわそわ」を感じさせる手の動き

- 演壇に向かいながら、聴衆の前で上着のボタンを留めたり、スカートを整えたりする。
- ペンでコツコツとテーブルをたたいたり、紙をペラペラめくる。
- 指で演台をポンポンとたたいたり、演台にブレスレットが当たってしまう。
- 空手チョップやパンチのように手を動かす。
- 同じ動きを何度も繰り返す。
- テーブルや演台の上で指をもぞもぞ動かす。

のもやめましょう。本当の笑顔は目に表れます。スーパーモデルは、ぼんやりした表情や変化に乏しい顔を撮られないように、目で笑いかけるテクニックを身につけています。

ステップ⑤ 手の動き

話し手がみんな、サミットコーチのように腕を振りまわす熱血タイプとはかぎりません。おとなしいタイプの人は、落ち着きと静かな自信を伝えればいいのです。ただし、声に抑揚がなく、動作もぎこちないと、退屈で堅苦しい印象になります。こういうときは、手の動きをうまく活用しましょう。手が、あなたと聴衆をつなげ、話に説得力を生むのです。その動きだけで、いちばん伝えたいことを強調することもできます。おまけに、手を動かすと上半身がほぐれ、よりリラックスして見えます。

手を動かすときのコツは、「やさしく、流れるように」です。空手チョップのような動きは、攻撃的で神経質な印象を与えます。肩またはひじから腕を動かすといいでしょう。手首をまわしてはいけません。NGジェスチャーは上表のとおりです。

ボディランゲージのまとめ

- フォーボックス――聞き手一人ひとりとしっかり目を合わせるのに役立つ。
- スイートスポット――一度に全員を見たいときに使う。
- チャンピオンスタンス――座っていても立っていても、強さを伝えられる。
- 腰ひねり――一人ひとりを話に巻き込む。
- 三点移動――ステージ上で意図的に動く。
- 楽しげな表情――思いやりのある人に見える。
- オープンハンド――相手を受け入れる気持ちやあたたかみを伝える。

オープンハンド作戦　人は、たとえば正直さを伝えたいとき、手のひらを相手に向けて上げ、「本当です」とか「やっていません」などと言いますね。手の動きは、聞き手を迎え入れるサインでもあります。その動き次第で、聴衆はあなたを身近に感じます。ここでは、チャンピオンスタンスと組み合わせると効果が上がる、三種類の手の動きを紹介しましょう。

①両腕を脇にだらりと垂らします。これが自然な腕の位置ですが、緊張していると居心地悪く感じるはずです。

②腰の高さまで両手を上げ、片方の手をもう片方の上にのせるか、軽く手を握ります。指は絡めないように。

③片方の手を腰のあたりに置き、もう片方を脇に垂らします。セールスマンや政治家はよくこの姿勢で話します。片手をポケットに入れるのはいいですが、両手を入れるとだらしない感じがします。

第一印象を意識する

第一印象はとても大切です。人の印象は数秒で決まりますし、それが一生つきまとう場合もあります。それしか憶えていないということさえあります。人前で話すときも、どんな第一印象を与えたいかを前もって考えておくべきです。

たとえば、大勢の前でスピーチするなら、「どうぞ、あたたかい拍手でスピーカーをお迎えください」などという紹介のあとに登場するでしょうが、その際、まずは、あごを少し上げて歩きましょう。足元に目を落としてはいけません。急ぎ足もいけません。急ぐと心拍数が上がり、平静を保とうとしてもドキドキしてしまいます。身体の準備ができないうちに話を始めるのもいけません。

次に、落ちつくために間をあけます。話をする位置に立ったら、ノートやパワーポイントの準備のために下を向いてもかまいません。下を向いていれば、まだ準備ができていないことが周囲にもわかります。落ち着くまで数秒の間をあけて、聴衆にも聞くための準備時間を与えましょう。そのあいだに椅子を整えたり、携帯電話をしまったり、おしゃべりを終わらせたりするはずです。

続いて、ウォームアップのために深呼吸をします。そして、息を吐きながらチャンピオンスタンスに入ります。それができたら顔を上げ、スイートスポットに向かって微笑みます。そして、聴衆に向かってうなずきかけましょう。これが開始の合図です。あとは、もう一度深呼吸をして、挨拶をはじめます。これで、冒頭から聴衆との絆を築くきっかけができます。最初に落ち着くために間をあけた時点で、準備が整い、自信があるように見えるはずです。ここまですべて行なっても、一分もかかりません。

挨拶の言葉は、前もって二、三行に書きとめておきましょう。「みなさんこんにちは。お招きいただきありがとうございます。今日はみなさんとお会いできて大変うれしく思います」というように。たったこれだけでも、あらかじめ準備しておけば、あせることも、頭が真っ白になることも防げます。

（演台での注意点）

サミットコーチもミシェル・オバマも背が高く、二人ともそのおかげで演台ではとても有利でした。なにしろ、聴衆の全員からその姿が見えるのですから。でも、女性の多くは一六〇センチ台なので、演台が障害になることも少なくありません。エリザベス女王がホワイトハウスのローズガーデンでスピーチを行なったときには、女王の帽子しか見えませんでした。踏み台がなかったので、女王の顔は報道用のマイクで隠れてしまい、四角い帽子が上下しているところしか見えなかったのです。

よくスピーチに招かれる人なら、自分用の踏み台を買ってもいいでしょう。この踏み台は通称「アップルボックス」と呼ばれ、インターネットで購入できます。さまざまな高さのものがありますが、安価で、軽く、持ち運べて便利です。もちろん、主催者に貸してもらってもいいのですが、こうしたことに気づかない主催者も多いので、事前にお願いしておくほうが安全でしょう。

聴衆からあなたが見えるようになったら、さらによく見えるようにします。演台は通常、カンファレンス、ディベート、基調講演といった正式な場で使われ、マイクやスピーチ原稿、コップや水を置くことができます。でも、あなたがこれによりかかってはいけません。台と身体のあいだは二〇センチほど空けておくのが正解です。演台にふれるときは、指または手を軽く上に載せる程度にします。

守りをほどいて、相手にあなたのことを知ってもらいましょう。相手は、あなたの知識より、あなたの思いやりを気にかけています。

――パット・サミット

人前で話すときのファッションルール

サミットコーチはつねに、女性スポーツを代表する世界的な有名人にふさわしい服装をしています。チームカラーのまばゆいオレンジ色が飛び交うなかで、カメラ写りのいい服を見つけるのは簡単ではありませんが、みごとに着こなしています。

とはいえ、かつては外見を気にすることなどなかったサミットコーチにとって、ファッションの問題は一苦労でした。乳製品とたばこの農場を営む家に生まれた彼女は、一〇歳になるころにはもうトラクターを運転して、三人の兄弟とともに干し草を運んでいたといいます。当時は「ショッピングと言えば、安売りスーパーに縞模様のズボンを買いに行くことだった」そうです。テネシー大学マーティン校に入学したときも、ミニスカートとひざ丈ブーツ全盛の時代に、ひざ下のスカートしか持っていませんでした。

バスケットボールのコーチは、選手と違ってユニフォームを着る必要はありませんが、チームの成績の邪魔にならないような身なりは求められます。場違いな服装をすれば、居心地の悪い思いや恥ずかしい思いをすることになります。人前で話すときも同じです。とくに話し手が女性の場合、聞き手は見た目でその人を評価します。話の内容にふさわしい服装をすることはとても重要です。

男性が立ち上がって話すと、人々はまず話を聞いて、その人を見る。女性が立ち上がって話をすると、人々はまずその人を見る。そして気に入れば話を聞く。

——ポーリン・フレデリック

▼ルール① 不具合は事前にチェック

人前で話すのは大変なプレッシャーです。この靴できちんと歩けるかとか、下着が見えていないかなどと心配している余裕はありません。けれども、女性は男性よりもファッションの批判にさらされやすいのが現実です。男性には三種類の制服があります。ダークスーツ、紺のブレザーとチノパン、そして特別な会にはタキシード。人前に出るときも、この三種類があればまず大丈夫です。

一方、女性には無限の選択肢がありますが、着心地がよく見た目もスマートなスーツと靴を見つけるのは一苦労です。ファッション業界は、旬のアイテムを私たちに押しつけてきます。そこには落とし穴がたくさんあります。つま先の尖ったパンプス、胸元のあいたドレス、一度慣れたら手放せなくなるニットやローウェストのパンツ……。一般に、女性の服には機能性があまり求められません。もしファッション業界が女性のニーズに注意をはらったら、パンツやジャケットにはもっとポケットがついているでしょうし、見た目も履き心地も満たす靴がもっとあるはずです。

テストドライブ　服装での失敗を防ぐためには、第一に、当日に着る服はあらかじめ準備しておきましょう。前夜になって、「クリーニング店が閉まっていた！」などということのないように。第二に、ステージの中央に立つと、パンツのシミや、スカートの裾のほつれが目立つのを忘れないようにしましょう。第三に、新品の服を着ていかないようにしましょう。その集まりにふさわしい服がたまたま見つかるということは、まずありません。事前に別の集まりに着ていって試してみるべきです。そうすれば、当日になって丈が合わないとか、きつすぎるということもなくなります。

そして第四に、スカートには用心しましょう。短めだと、立っているときには問題がなくても、座ったときにももが見えてしまうかもしれません。万が一そうなったら、足首を組んで椅子の下に両足をひっこめます。これで少しは足が隠れます。巻きスカートやスリットスカートは、座ったとたんに分け目が見えるので避けます。分け目がひらひらと開いていると聞き手の集中がそがれますし、何度も服をいじっていると、あなたが緊張しているように見られます。
ある小柄な女性経済学者が、二まわりも大きなサイズのブレザーを着ていたことがありました。大き目のジャケットのほうが威厳が出ると思ったのでしょうか。でも結果はその反対で、上着の肩が落ちて袖が長すぎたために、実際より小さく縮んで見えました。大きな服で余分な肉を隠そうとする人もいますが、この場合も逆に太って見えがちです。最近体重が増えたり減ったりした人は、できるだけジャストサイズのものを選ぶようにしましょう。

➤ルール② 場にふさわしい服装の原則を知る

一度きりのスピーチのために服やアクセサリーに大金をかける必要はありませんが、きつすぎたり、短かすぎたり、色が合わない服は、お金をどぶに捨てるようなものです。女性のファッションはつねに批判の的になるので、どこでどのようにワードローブにお金をかけるかを知っておくにこしたことはありません。以下、スピーチの達人のファッションの原則を挙げておきます。

スピーチファッションの原則

《確かな仕立て》仕立てのいい服は身体の欠点を隠します。以前より太ってしまっても体型をカバーしてくれます。その反対に、身体に合わない服は欠点を目立たせます。

《見せすぎ注意》胸の谷間や太ももがあらわになっていると、間違ったメッセージを送ってしまいます。

《聴衆に合わせる》カジュアルすぎると、聴衆への敬意が足りないと思われることがあります。逆にフォーマルすぎた場合は、上着を脱ぐといいでしょう。

《場に合わせる》夏の社外研修なのか、クリスマスシーズンの夕食会なのか、春の取締役会なのか、会合の種類ごとに慎重に選びましょう。

《個性は控えめに》聞き手に好感を持たれるのは、ヒョウ柄やスパンコールよりも、カッティングのきれいなジャケットやちょっとしたアクセサリーです。

《美容院へ》美容院にしばらく行ってない場合には、上手なサロンで、目や顔に髪の毛がかからない、時代にマッチした、感じのいいスタイルにしてもらいましょう。

《体に合った下着を》補正下着で身体を締めつける必要はありませんが、胸元はサイズの合った下着で美しくサポートしましょう。

▶ルール③ 話しやすい服を選ぶ

会場が暑すぎたり寒すぎたりすることがよくあります。上に羽織るものを持っていると、いつでも脱ぎ着ができて便利です。ただし、そうなるとインナーにも気配りが求められます。半袖はOKですが、タンクトップや袖なしは避けましょう。あなたが汗かきなら、汗の出る部分は隠すこと。また、パンツやスカートにシャツを入れるのはやめましょう。ごろごろしたり、しわになったり、汗で湿ったりします。短めのチュニックや、中に入れなくていいスタイルのものを選んでください。風通しもよく、しわにもなりません。Yシャツのような前ボタンのあるシャツも、タイトすぎると胸元に隙間ができるのでお勧めしません。

ピンマイクをつける場合、長袖のタイトなワンピースではつけるところがありませんが、パンツスーツかスカートスーツなら、腰にバッテリーをつけられます。スーツを着るなら、上下同じ色の方が痩せて見えます。色を変えるなら、ジャケットを明るめの色に、下を暗めの色にしましょう。

また、ハイヒールを履いている場合は、しばらく立っていても大丈夫かを試してみましょう。演台では、いつもより低めのヒールのほうがいいかもしれません。

しわのばし　電車や飛行機での移動が多い人なら、質のいいスーツを買うほうがお得です。生地のいいスーツなら、ひと晩でしわがとれます。フライトの遅れやパンパンのスーツケースにも耐えられるような服に思い切って投資しましょう。ウール、コットン、シルクの混じった合成繊維なら長距離の移動にも耐えられます。スリーシーズン着られるようなフードつきコートも、出張の多い人にはお得な買い物になるはずです。また、出張先ではシミや食べこぼし、飲みこぼしなどは避けられないものと心得て、暗い色の服を用意してください。シミや汚れを隠せます。予備のブラウスとストッキングも、いつも携帯しておきたいものです。

絶対にＮＧなファッション

- ひらひらのフリル、ギャザー、リボン、髪飾り、花柄やキュートな柄の生地。
- シースルーのブラウス、胸元のはだけた服、スリットの入った短いスカート。
- サンダル、超ハイヒール。
- 派手なつけまつげ、鮮やかなアイシャドウ、太いアイライン。
- ぶら下がった大ぶりイヤリング、じゃらじゃらしたブレスレット。
- 長すぎる爪に鮮やかなマニキュア。
- ヘルメットかと見紛うような髪型、盛りすぎの髪型。

特別な会の服装　「自分の所属する組織が、毎年恒例の昼食会に超有名な女優を招くことになり、その女優の紹介役を任された」、「アスペンのリゾートで会合が開かれ、裕福なハイテク起業家にサービスを売り込むことになった」、「うだるような暑さが予想される日に、独立記念日のパレードに参加することになった」、「大きな慈善団体が主催するガラパーティで、受賞スピーチをすることになった」、「朝の番組で、有名キャスターからスタジオでのインタビューの依頼を受けた」……

ここまで晴れがましくなくても、特別な機会で、ぎりぎりになって着るものがないとあせるのはもってのほかです。かといって、着古した紺のスーツがそぐわないのは言うまでもありません。組織で昇進していけば、メディアや有名人の集まりに出る機会も増えますが、その場やそのときにふさわしい服装ができるようになるには時間がかかります。もし、なにを着たらいいか見当もつかない場合には、ひとりで悩まないで、だれかの助けを借りて解決しましょう。

（成功への道④：印象は工夫次第で大きく変わる）

ミシェル・オバマは、オリンピック委員会総会の二日前にコペンハーゲン入りし、飛行機を降りた瞬間から怒濤《どとう》のような行事スケジュールを次々とこなしていきました。招致活動、王室への訪問、公式の夕食会、オリンピック組織委員会との会合……。それでも、スピーチの準備に必要な時間はしっかり確保し、練習に集中しました。

最終リハーサルは総会当日の朝六時でした。私は迎えのリムジンに乗り、ホテルから夫人の泊まっていた大使公邸へと向かいました。プールと手入れの行き届いた庭園、その横にあるガラスで仕切られたポーチが練習場所でした。ミシェルが階段を下りてきたとき、服装こそ居心地のいいカプリパンツとバレエシューズでしたが、ヘアとメイクは完璧にできあがっていました。

スケジュールのあいだを縫って何度か練習時間を確保したおかげで、この最終リハーサルではとくに変更もなく、落ち着いて内容を見直し、声に出して読むことができました。そして、ミシェルは素晴らしい仕事をやり遂げました。

大舞台で話すときはとくに、いつもより多くの練習時間を取っておくことが絶対に必要です。あわただしいなかであっという間に当日が来てしまい、前夜になって準備不足に気がつくといったことのないようにしましょう。原稿の執筆、手直し、リハーサルに、それぞれ充分な時間を割り当てるべきです。

スピーチが終わったあとの録画チェックにも一時間はかけてください。時間をとって自分のパフォーマンスがどうだったかを見直すことで、改善すべき癖がピンポイントでわかります。

サミットコーチも、練習や試合の録画の見直しに多くの時間を割いています。選手を見るだけでなく、コート脇での自分のパフォーマンスも見ることで、選手のテクニックを批判するだけでなく、選手をやる気にする言葉やしぐさを日夜研究しているのです。

あなたもチャンピオンスタンスで立ち、スピーチの達人のテクニックを習得しましょう。練習を録画して見直していけば、どのテクニックもかならず自然に身につくことでしょう。

5章 メッセージの作り方

声を上げる女性は強い女性です。けれども、ときにはその〝声〟を見つけることが、とてもむずかしい場合があります。

――メリンダ・ゲイツ

妊婦や乳幼児の死を防ぐために世界中を駆けまわっているメリンダ・ゲイツは、あるとき、産院にたどり着く前に道ばたで出産しなければならなくなった女性に出会いました。ほかに交通手段のなかったその女性は、産院まで歩くしかなかったのです。母親と赤ちゃんはそれから三時間後に産院に到着しましたが、赤ちゃんは酸欠ですぐに亡くなりました。「もし、それが私だったら？　もし私がマラウイで生まれ育っていたら、どうやって子どもを育てたらいいだろう？」。メリンダは、そう自問せずにはいられませんでした。

私がこの話を聞いたのは、ビル＆メリンダ・ゲイツ財団の共同議長であるメリンダを表彰する会でのことでした。その夜は、「どの人間も同じ価値を持つ」という信念を貫いてきたメリンダから、じかに話を聞くことのできる貴重な機会でした。授賞式に集まった一〇〇〇人を超える聴衆を前にした彼女の説得力ある話しぶりに、私は心を打たれました。メリンダは原稿もなしに、自分の人生の第二幕の目的を、会場にいる全員と共有しました。

この赤ちゃんのような命を救うためになにができるのか、それを探すことにメリンダは人生を捧げてきました。そしていつしか「ビル・ゲイツの妻」ではなく、世界最大の民間財団を代表する、情熱的で説得力のある人物として知られるようになりました。メリンダは、自分の娘が成長する過程で、多くの人のロールモデルになろうと決心したといいます。「歴史上の強い女性を考えるにつけ、彼女たちがなんらかの形ではみ出していたことに気がついたのです」

メリンダ・ゲイツ
Melinda Gates

二〇〇九年、ゲイツ財団は「リビング・プルーフ・プロジェクト」と呼ばれるキャンペーンを開始しました。その目的は、ゲイツ財団が保険医療分野に投資することによってなにが達成されるかを、世界に伝えることでした。そこでは、たとえばカンガルーケアのようなストーリーが語られました。カンガルーケアとは、低体重児を母親が抱きかかえつづけることで、その子の命を救うプログラムです。肌と肌のふれあいが新生児をあたたかく包み、母乳と愛を与えることにつながるといいます。

このプロジェクトはまた、海外援助にまつわるメディアの否定的な報道姿勢と闘うものでもありました。メリンダは、そうしたメディアの姿勢は、私たちの税金が海外援助にもたらす恩恵についてなにも教えてくれないと考えています。そうではなく、病気の治癒《ちゆ》や貧困撲滅《ぼくめつ》に関わる前向きなストーリーを語り、その進歩に光をあてることが、誤った認識を正すことにつながるのだ、と。

ストーリーを語ろう

目的を持ったストーリーは、効果的なメッセージになります。言いかえれば、効果的なメッセージには、強烈なストーリーが必要だということです。言いたいことを身近な物語に落とし込み、問題を浮き彫りにし、解決策を打ち出すことには、情報を提供し、教育する以上の力があります。ストーリーを語れば、コミュニケーションの三つ目のV、すなわち言葉に対応できます。声と姿に加えて、メッセージそのものが、あなたと聞き手のつながりを強めてくれるのです。

じつは、効果的なメッセージを作るために、スピーチの達人は五つの原則に従っています。このあとひとつずつ紹介します。あなたもそれらをマスターすれば、狙った相手に確実にメッセージを伝え、意図した効果を出すことができるでしょう。でもその前に、「メッセージマップ」の話をしておきます。

メッセージマップとは、適切なアイデアを、適切な聞き手に、適切なタイミングで届けるためのツールです。これがあれば、悪い知らせを伝えるときや厳しい質問に答えるときにも難局を乗り切れます。マップによって頭のなかが事前に整理でき、なにを言うべきか、言うべきでないかがわかるようになるからです。ときには、口に出さないほうがはるかに重要な場合もあります。自分の口から出る言葉を聞きながら、「いったい、なにを話しているのだろう？　どうしたら本筋に戻れるんだろう」などと思うことも避けられます。後悔するような言葉を口にするリスクも減ります。

▼メッセージの公式とは？

あなたは、メッセージに公式があるのをご存じですか？　この公式は、三つの要素から成っています。一つ目は、課題に対するあなたの考えをはっきりと表明すること。二つ目は、その立場が聞き手の価値観に合っていること。そして三つ目は、そのメッセージを聞いたあとに聞き手にしてほしい具体的な行動が含まれていることです。つまりメッセージとは、考えと価値観と目的の組み合わせです。あなたが気にかけていること、聴衆がそれを気にかけるべき根拠、そしてあなたが成し遂げようとしていることをわかりやすく表現しなければならないのです。

ちなみに価値観とは、幼いときに身につけ、そのまま一生持ちつづけるその人固有の信条です。多くの人が共有する信条は、いくつかの核となる価値

メッセージ ＝ **考え ＋ 価値観 ＋ 目的**

観がもとになっているそうです。たとえばアメリカ人の多くに響くフレーズは、公正と公平という価値観に基づいています。

共通の価値観に基づいたメッセージは、聞き手から次のような強い反応を引き出せます。

- ●えぇ？　本当？

- ●そうか。以前はそんなふうに考えたことはなかったな。

- ●それはまずい！　なにか行動を起こさないと。

- ●わかった！　私も仲間に入れて！

こうして、人々を行動に向かわせるのです。

▼してはいけないこと

ここでいうメッセージは、企業のブランディングとは違います。ブランディングとは、個人や企業が商品への好感度を上げるために行なう、広告などの戦略です。効果的な広告キャンペーンは、たしかに商品への思い入れや共感を生みますが、言葉巧みに気を惹くことを言うだけでは充分でありません。

また、メッセージは学術論文でもありません。論文の読者は、仮説を証明するために証拠を積み上げていく、深い研究を期待します。その結論は事実に基づくものでなければなりませんし、正式な文法を使い、厳格なルールに従った書き方も求められます。口語的な文章やジョークは許されません。もちろん、人前で話す際のメッセージも事実に基づかなければなりませんが、それだけでは足りません。研究データばかりでは、科学になじみのない聞き手は引いてしまうでしょう。人々の信条や価値観とつながるためには、もっと心を動かす要素も必要です。情報が多すぎるのは、むしろ困りものです。私はノースカロライナ州の州知事に立候補した人のお手伝いしたことがありますが、そのときに渡された、幅が一〇センチもあろうかという情報の詰まった分厚いバインダーは、生放送のディベートではなんの役にも立ちませんでした。

人の心にもっとも訴えるメッセージには、広告キャンペーンと分析的な要素の両方が含まれています。簡潔で記憶に残る言葉を使って、人々の価値観に訴える――それが賢いメッセージです。そのためには、調査の裏づけがありながらも名刺サイズのカードに収まるような短いメッセージにしなければいけません。話の核心を聴衆が頭に刻めるようなシンプルさが不可欠です。これらを頭に入れたうえで、ストーリーを準備していきます。

➤子どものころのお話のように

聞き手を笑わせ、耳を傾けさせ、なにかを学ばせてくれる良質のストーリーには、派手なスローガンも大量のデータも必要ありません。優れたストーリーテラーは、背景や登場人物や筋書きを通して聞き手を引き込み、聞き手はあたかも日常会話のようにそのストーリーに親しみ、無理なく受け入れます。よいストーリーは緊張をやわらげ、新しいアイデアに心を開かせてくれます。なにより、忘れられません。子どものころに聞いた物語には、時代を超えていつまでも響く教訓が込められていたのを思い出してください。

➤複雑さは混乱のもと

上級管理職や政策の専門家は、事実とデータを好み、ストーリーを軽視しがちです。メッセージが単純すぎると、自分たちの知性が疑われるとでも心配しているのでしょうか。内輪の人たちと専門的な問題について話し合うなら、それでもいいでしょう。でも、外部の人々に語りかけるときは、相手にいかにメッセージを届けるかが勝負になります。最小公倍数にではなく、最大公約数に訴えなければなりません。といっても、レベルを下げろというのではありません。高い効果を目指そうといっているのです。聞き手がみな、そのトピックについて知識があり、理解しているなどと思ってはいけません。

ほかにも、次のようなミスをすると、あなたのメッセージはうまく伝わらないでしょう。

《言い訳》上院議員に立候補したクリスティン・オドネルは、「私は魔女ではありません」というキャッチフレーズで有権者を安心させようとしましたが、彼女が以前に魔術遊びにはまっていたことを知らない人にとって、このフレーズは奇妙なだけでした。

《情報過多》元副大統領のアル・ゴアのように、あれもこれも語ろうとすると、聞き手の心には結局なにも残りません。

《複雑な議論》重箱の隅をつつくような議論はやめましょう。上院議員時代のジョン・ケリーは、いつも自分の行動の理由をくだくだと説明し、悪評を買いました。

《長々しい説明》六〇秒の要約ですむところを、問題の発端からさかのぼって五分も説明する必要はありません。

《同じ内容の繰り返し》何度も同じ内容ばかり繰り返すと、ほかになにも考えがないように思われます。

（メッセージ作りの五つの原則）

さて、いよいよ「五つの原則」の説明に入りましょう。五つとは、「明瞭さ」、「つながり」、「説得力」、「簡潔さ」、「継続性」です。この五つに従えば、わけのわからないメッセージにはなりません。大勢に向けたスピーチでも、賛否の分かれる社内会議でも、大切なプレゼンでも役に立ちます。

▼原則① 明瞭であること

現代人は大量の情報に囲まれ、メッセージ過多のなかで生きています。タクシーでもエレベーターでも、空港でも居間でも、つねになんらかのメッセージが流れ込んできます。その大半は広告で、平均的なアメリカ人は一日に数千もの広告を目にしているといいます。このような日常に生きる人々には、わかりやすいメッセージを届けないかぎり気にとめてはもらえません。そして、わかりやすくあるためには、目的を絞らなければなりません。

基本的に、ひとつのトピックについて言いたいポイントは三つか四つ以内に絞りましょう。それより多いのはダメです。ポイントが一二もあるようでは、だれの心にも残りません。メッセージの数を絞るほど、相手が記憶にとどめてくれる可能性は高まります。

オバマのキャンペーンでのメッセージ

バラク・オバマは大統領を目指したとき、メッセージを三つに絞って、自分が何者で、なにを訴えているのかを明確に表現しました。アメリカ国民は恐怖ではなく希望を選べること、分裂でなく団結を選べること、そして変化が起きようとしていることを訴えて、立候補の理由を示したのです。

三つの価値観に基づいたメッセージによって、オバマはワシントンを変革する者として、自身を簡潔に位置づけることに成功しました。「Yes We Can!」というスローガンは、有権者を鼓舞し、行動へと導きました。どの政党でも、成功する候補者はこうした明瞭なメッセージを構築しています。

➤原則② つながる相手を見定めること

ポイントを絞ったメッセージをつくるには、なにを入れてなにを入れないかを決めること、つまり優れた編集能力が必要になります。まずは、聞き手に優先順位をつけましょう。「聴衆はどんな人たち？　私はだれに語りかける必要がある？」というように自問してみてください。すべての人に語りかけようとすると、だれにも届かなくなってしまいます。

聞き手は三種類に分けられます。一つ目は、すでにあなたに賛成していて、あなたを支持している人たち。二つ目は、あなたがなにを言っても決して賛成しない人たち。三つ目は、その中間にいる人たちです。三つ目の人たちは、まだ気持ちの固まっていない人たち、言いかえれば説得できる相手です。自分の立場や目的を広く支持してもらうには、この人たちにどうするべきかを考えることが重要です。

説得が可能な相手への話し方　中間にいる人たちにあなたの言葉を届けるには、彼らがどこにいて、どんな人たちなのかを知らなければなりません。それはだれで、どんな仕事をしていて、どこからやってくるのか。要するに「何者か」を特定するのです。そのあとに、彼らが「なにに動かされるのか」を見つけます。彼らはどんなことに反応するのでしょう？　どんな信念や価値観を持っているのでしょう？　なにを気にかけているのでしょう？　なにを必要としているのでしょう？

彼らが共感するようなメッセージをどんどん書き出していきましょう。彼らの注意を惹きつけ、引き込むような言葉を意識的に使いましょう。

HIVに感染した女性を支援する非営利組織ウーマンズ・コレクティブでは、オプラ（OPRAH）という覚えやすい愛称の活動を展開しています。OPRAHとはコンドームの正しい使い方を教えてくれる略語で、Oはコンドームを注意深くオープンすること、Pは着用するときに端をつまむ（ピンチ）こと、Rは上までしっかりロールアップすること、Aはアクションを楽しむこと、そしてHは取り外しが終わるまで、コンドームをしっかりと持って（ホールドして）おくことです。

メッセージが聞き手にそぐわないと、支持を得られないばかりか、ときには誤解されたり、悪意を持たれたり、間違って引用されたりします。気候科学者は長年、温室効果ガスの危険とその気候変動への影響を一般の人たちに周知させる努力をしていますが、不可解な専門用語の羅列のせいで、その努力が台なしになっています。典型的な科学者による説明をここに紹介します。次の温室効果ガスの定義を読んで、理解が深まりましたか？　それとも余計にわからなくなりましたか？

それは、直射日光（比較的短波のエネルギー）が地球表面に邪魔されずに届くことを可能にするガスである。短波のエネルギー（スペクトルの可視的な紫外線部分）が地上を熱するにつれ、長波（赤外線）のエネルギー（熱）が大気中に放射される。温室効果ガスはこのエネルギーを吸収し、それによって宇宙に逃がす熱を減少させ、大気圏に「囲い込む」。

残念ながら、科学者は自分たちの仕事をわかりやすく一般の人々に伝えることが苦手です。専門用語に頼りきっているせいで、科学者以外はだれも温室効果ガスにまつわる危険をよく理解できないままでいます。

でも、ブレンダ・エクウゼルは例外です。「温室効果ガスは、地面を温めて植物が育つようにするものでは？　だったら、環境にいいものとなるのでは？」、ブレンダは、こうした誤解を解こうと努力している環境科学の第一人者です。テレビに出演する際、彼女は専門的な図も表も使いません。代わりに簡単なたとえを使います。彼女によれば、環境科学者は「地球の気温を記録し、その熱を診断するお医者さん」です。温暖化効果についても、ブレンダの説明ならわかります。「自動車の運転や、発電所で石炭を燃やしたときに発生する排気ガスが熱を閉じ込めてしまうのが原因です」。問題が複雑であればあるほど、わかりやすい言葉で表すことが大切です。

➤原則③　説得力をもたせること

聴衆への説得力という意味で、事実は感情ほど効果がありません。地球温暖化の影響を一般の人に理解してもらうのに大いに役に立ったのは、溶けて小さくなった氷床の上にしがみついている北極グマの写真でした。その写真が多くの人の琴線にふれ、科学にはできないやり方で温暖化への認識と懸念を呼びさましました。心理学者で神経学者でもあるドリュー・ウェスタンによると、事実と統計だけでは説得力に欠け、答えより疑問を生むことも多いと言います。「人間の脳について知ると、考え方が変わります。考える能力よりも感じる能力のほうがはるかに早く進化したことを知れば、事実を伝えるよりも人々の価値観や懸念に訴えるほうが有効だとわかるでしょう」

賛否両論のある議論では、もっとも強く感情に訴えた人が多くの支持を得られます。もちろん、議論に勝つためには事実や理性は無視していい、というのでは困ります。どんな手を使っても勝つという姿勢は、人として感心しないばかりか、長い目で見ればかえって逆効果です。重要なのは、知性に正直でありながら、同時に感情にも訴えることです。この人は頭と心の両方に優れている、と聞き手に感じてもらうことが大切なのです。

▼原則④　簡潔であること

E・B・ホワイトの名作童話『シャーロットのおくりもの』をご存じですか？　このお話では、蜘蛛のシャーロットが、親友になった子豚のウィルバーを肉屋送りから救うために、ウィルバーのいる納屋の天井に、蜘蛛の糸で文字を紡《つむ》ぎました。「たいしたぶた」

この簡潔なメッセージが、ウィルバーの飼い主に、ウィルバーはただの家畜ではなく、命を救う価値のある存在なのだと伝えたのです。厳選された少ない言葉は多くを語れる、ということをみごとに示したお話です。

現代のコミュニケーションではとくに、簡潔さが求められます。聞き手の集中力が持続する時間はどんどん短くなり、ツイッターは一四〇文字まで、テレビのレポーターも一〇～二〇秒以内の答えを求めます。けれども、限られた時間内に適切な言葉を探すのは難しいものです。マーク・トウェインも、「短い手紙を書くにはより時間がかかる」とぼやいていました。少ないことはいいことですが、それには工夫がいります。簡潔であることは、かならずしも単純ではないのです。

▼原則⑤ 反復すること

聴衆の心にメッセージを残すには、「繰り返し」も効果的です。研究によると、人は同じメッセージを七～一二回も見聞きして初めて、それを記憶するといいます。私たちが長持ちする電池の広告を何度も何度も見せられているのも、そのためです。

二〇〇二年の一般教書演説で、ジョージ・W・ブッシュ大統領は、イラク戦争が正当である理由を次のように挙げました。

①卑怯な独裁者であり「大量破壊兵器」を保有するサダム・フセインを倒す必要がある。
②冷戦は終結したが、世界はまだ危険なままである。イラン、イラク、北朝鮮という「悪の枢軸」が存在する。
③「テロとの戦い」が必要で、アメリカよりも他国を戦場とするほうがいい。
④「イラク国民に自由と民主主義をもたらす」かどうかは、アメリカにかかっている。アメリカ

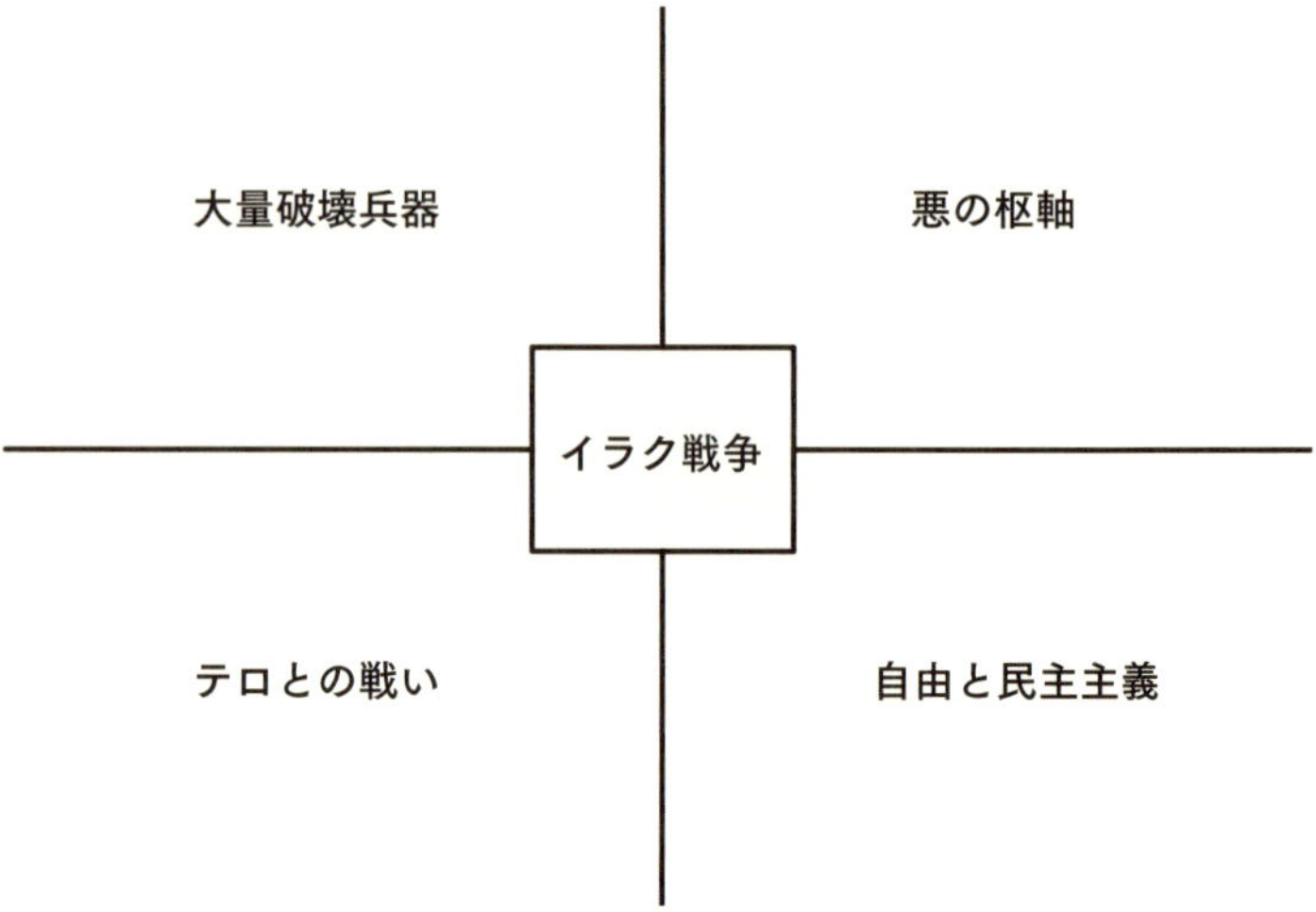

ブッシュによるイラク戦争のメッセージ

兵は、解放者としてイラク国民に歓迎されるだろう。

そのうえで、ブッシュ政権は徹底してこのメッセージを繰り返しました。コリン・パウウェルは、パワーポイントのプレゼンテーションで大量破壊兵器の「証拠」を示しました。副大統領のディック・チェイニー、国防長官のドナルド・ラムズフェルド、国家安全保障問題大統領補佐官のコンドリーザ・ライスもまた、このメッセージを唱えつづけました。あまりに何度も繰り返されたために、アメリカ国民のなかには、イラクで実際に大量破壊兵器が見つかったと信じる人もいるほどでした。

メッセージの反復は強力です。だれかを説得し、動かすためには必須といえます。一度言うだけでは決して充分ではありません。もう理解されたと勝手に判断して、次のトピックに移ってはいけないのです。ふだんの生活を考えてみてください。夫や彼氏や子どもたちに、何度同じことを頼んだら応えてくれるでしょう？　何度も同じことを伝えて疲れてしまうことも多いはずです。

その主張に一貫性はありますか？

もしあなたが成功しているとしたら、それはいつか、どこかで、だれかが、あなたを正しい方向に向かわせるきっかけを与えてくれたからだということを肝に銘じておきましょう。そして、あなたが助けられたように、あなたにも幸運に恵まれないだれかを助ける義務があることを覚えておきましょう。

——メリンダ・ゲイツ（アースリン・アカデミー卒業生総代スピーチで）

メリンダ・ゲイツは一貫したメッセージを送りつづけています。彼女の通った名門女子高アースリン・アカデミーのモットーは、「奉仕」です。この学校は、地域の奉仕活動を行なう女子の教育を目的として、開拓時代の一八七四年、ローマカトリック教会の修道女によって創設されました。メリンダは、この学校と教師たちが、自分の人生の進路と世界観に大きな影響を与えたと語っています。彼女の数学の才能を発見し育てたのは、修道女のジュディス・マリーでした。

メリンダが初めてコンピュータに出会ったのは、宇宙開発のエンジニアだった父親がコンピュータを買ったときです。有名な話ですが、それはアップルの製品でした。以来、彼女はコンピュータで家業の帳簿をつけたり、ゲームで遊んだりして親しみました。学校の成績も優秀で、コンピュータサイエンス学部が充実しているデューク大学へ進みます。ここで経済学とコンピュータサイエンスを専攻し、五年間で学士号とMBAを取得しました。

シアトルにあるマイクロソフトという若い会社に入社するために西海岸向かったのは、一九八七年のことでした。この会社で、メリンダはエンカルタとエクスペディアの開発に携わり、上司だったビル・ゲイツと恋に落ちたのです。でも、メリンダの母親は社内恋愛を許さず、同僚もビルを恐れたため一時は孤立し、会社の食堂で、ひとりきりのランチをとることもあったといいます。

▼不満よりも、素敵なストーリーを

それでも彼らは結婚します。すると、ビルの母親は新婚のふたりに手紙を書き、莫大な富を社会のために使うよう励ましました。「多くを与えられた人には、多くが期待されています」と。助けを必要とする人たちから数えきれないほどの手紙を受け取っていたふたりは、まずビルの父親を会長に据えて、コンピュータを学校に寄付する財団を設立します。けれども、この努力は自己満足にすぎないと批判を受け、ゲイツ夫妻もすぐに、これだけでは公立の学校が直面する大きな問題を解決できないと気づきました。

初めての子どもが生まれた一九九六年に、ビルはマイクロソフトを退きます。夫妻は二人の娘とひとりの息子に恵まれますが、子どもたちが成長するにつれ、教育とグローバルヘルスという巨大な問題を解決するために、自分たちの財団をどう活かすべきかをさらに真剣に考えるようになりました。そして、自分たちだけで約一〇〇〇億ドルを拠出することにします。アメリカ国立衛生研究所の年間予算が二九〇億ドルであることを考えると、一〇〇〇億ドルという数字がどれだけ大きいかがわかるでしょう。それでもまだ、この大問題を解決するには充分な額ではないと言われています。資金パートナー探しの背後には、こうした現実があるのです。

世界を救うことは大変な仕事です。でもメリンダは、たとえ進展の遅さに不満を持っても、懐疑的な政府との交渉に腹を立てても、それを態度には出しません。彼女はつねに、次になにができるか、なにをすべきかについて考え、語ります。だれかを責めたり、とがめたりしても意味がないことを知っているのです。そうする代わりに、メリンダはストーリーを語ります。

メッセージマップを作る

前述したメッセージマップは、一九三〇年代にアラン・H・モンロー教授が開発した説得技法をもとにしてつくられました。情報を整理して優先順位をつけるのに役立つこのマップがあれば、些細なことに気をとられず、重要なことに的を絞ったメッセージをつくることができます。聞き手を説得したり鼓舞したりするためにも、ぜひ活用してください。

▼ステップ① 一ページのマップを作る

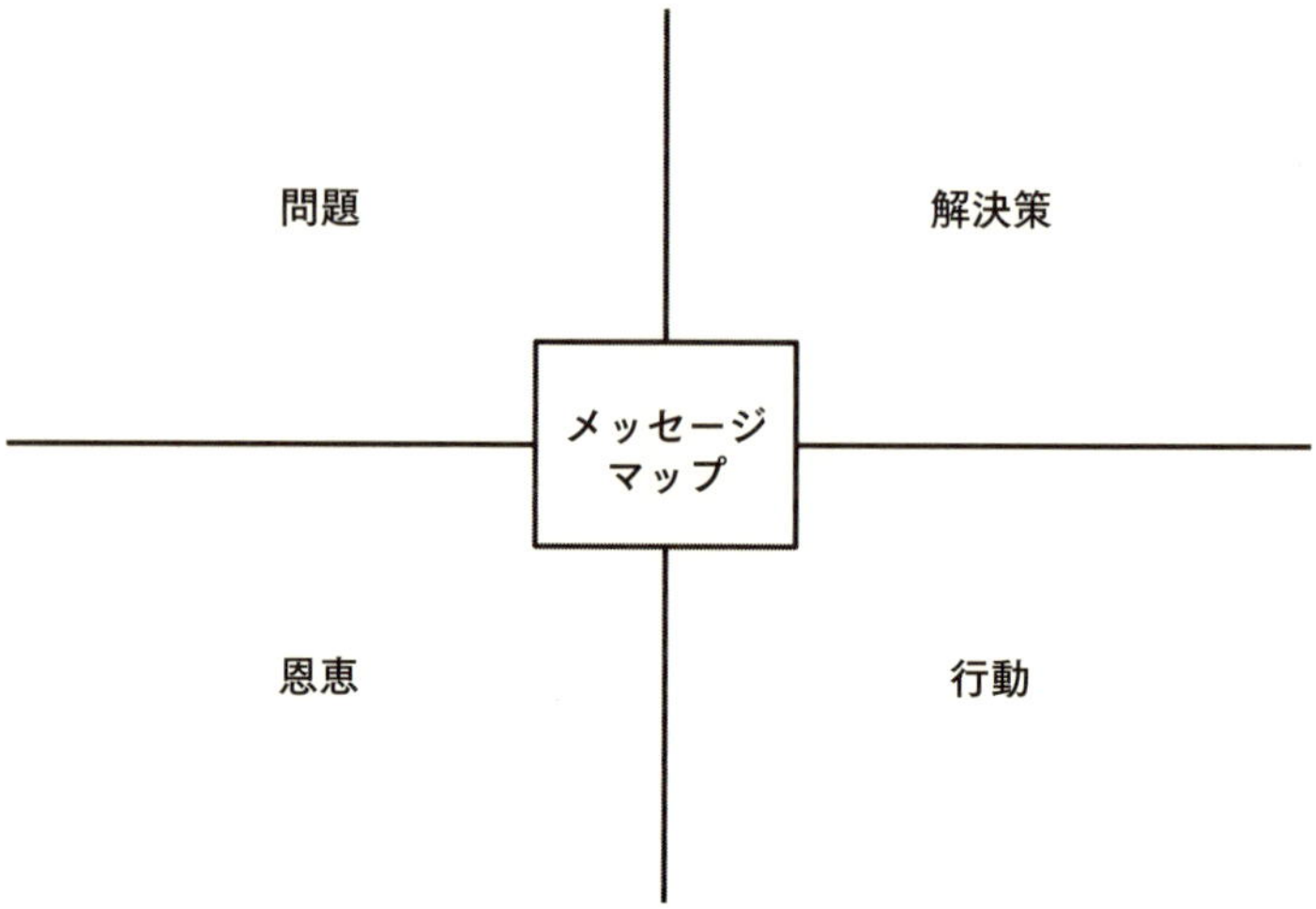

メッセージマップのフォーマット

メッセージマップでは、テーマを四つに絞ります。そしてその四つで、ストーリーを構成します。すなわち、ストーリーを使って「問題」を枠組みに入れ、「解決策」を提案し、聴衆の利益に合わせた「行動」を呼びかけ、「恩恵」を提示するのです。

　メッセージの全体像を一枚の紙にすれば、そのメッセージはより簡潔かつ明確になりますし、練習する際にも重宝します。練習帳やバインダーをあわててめくる必要もなくなります。なにを言いたいのかが一目瞭然になり、憶えやすくなります。この表をパワーポイントにして持ち歩くこともできます。私のクライアントには、これを財布に収まるサイズにして、いつも身に着けている人もいます。

　また、このマップは質問に答えるときにも便利です。質問を聞きながら、それを四つのうちのひとつにつなげて答えればいいからです。懐疑的だったり攻撃的だったりする質問に答えるときは、とくに役立つでしょう。

➤ステップ②テーマを絞り、四つに答える

このマップは、ブレインストーミングの段階から使いましょう。また、ブレインストーミングでは、なるべくさまざまな経歴を持つ人たちを集め、問題に対する独自の見方と経験を出しあいましょう。参考までに、効率よくブレインストーミングを始められる質問を上表に挙げておきます。

ブレインストーミングが終わったら、議論にのぼったアイデアをすべて見直し、三つか四つのテーマに絞り込みます。たいていは、同じアイデアが何度も言葉を変えて出されるので、それらをひとまとめにします。メッセージの目的を弱めてしまうような情報ははずします。否定的なアイデア、受身のアイデア、不正確なアイデア、的外れなアイデアもはずします。

そうやって絞ったら、マップに沿って問題を設定し、解決策、行動、聴衆への恩恵を考えましょう。

ブレインストーミングの問い

- 私たちが直面している問題や課題はなにか？
- 解決できなければ、どうなるか？
- 聴衆はなにを知っているか？
- 答問題解決のためにだれのサポートが必要か？
- 私たちの解決策はほかとどう違うか？ どう優れているか？
- 聞き手はどんな恩恵を受けるか？

問題を設定する　あなたの伝えたい問題はなんですか？　それをターゲットとする人の心に響かせるためには、「自分の問題だ」と思ってもらえるようなものでなければなりません。ある禁煙推進グループは、「たばこ会社が、キャラクターを使って子どもや若者を喫煙に誘っている」という事実を問題提起することで、人々の禁煙への関心を高めました。ただ喫煙を責めるのではなく、たばこの「キャメル」のキャラクターが、子どもたちのあいだでミッキーマウスと同じくらい認知度があることを知らせたのです。その結果、多くの人々がたばこ会社に厳しい批判をするようになりました。

解決策を提供する　解決策の提示は、具体的かつ実践的であるよう心がけましょう。大規模な策や面倒な策はあまり意味がありません。たばこの販売を禁止してしまえば、子どもの喫煙は防げるでしょう。でも、近い将来にそれを実現することは不可能です。前述の禁煙推進グループは、まずキャメルの広告に対抗する訴訟を起こしました。その結果、たばこ会社は一〇〇〇万ドルの和解金を支払い、そのうち九〇〇万ドルは子どもの喫煙を防ぐための地域の教育活動に使われることになりました。

具体的な行動計画を提示する　あなたは、聞き手に具体的になにをしてほしいのでしょう？　問題提起をしても、「お願い」を忘れてしまう人が少なくありません。あなたにとってはなにをしたらいいか明らかでも、相手にとってはそうではないのです。ブログを書いてほしいのか、政治家に電話をしてほしいのか、してほしいことを具体的に頼みましょう。禁煙推進グループは、たばこ会社に圧力をかけつづけるために、消費者ボイコット運動を展開しました。たばこ会社の傘下にある食品会社をターゲットにして、消費者に特定の商品を買わないよう呼びかけたのです。

聞き手が受ける恩恵を示す　相手が自分の呼びかけに応えるべきなのはなぜかを明らかにしましょう。忙しくても時間を割いて行動するに値する、説得力のある理由を提示しなければなりません。禁煙推進グループは、子どもの喫煙を予防することで、「健康面の恩恵」と「医療費の節約」という恩恵があることを示しました。それは、両親にも、喫煙の深刻なリスクやそれに関わる莫大な医療費を懸念する人にも共感できるものでした。

➤ステップ③　四つを文章化する

こうして、問題、解決策、行動計画、恩恵の四つが定まったら、次にそれをメッセージマップ上に書き出します。その際、それぞれのポイントを的確な言葉にします。たとえば、移民フォーラムという非営利組織は、9・11同時多発テロ後、テロリストの入国に対する懸念が高まり、移民が苦しい立場にあることを受けて、次のような問題提起をしました。「テロリストは問題です。移民は問題ではありません」。アメリカに長く根づいた移民の歴史を人々に思い起こさせ、国境の封鎖に反対するためのメッセージでした。テロリストと移民の違いを強調し、政策立案者たちに、正しい改革を呼びかけたのです。

あなたも、できるだけシンプルで、口語的で、注意を引き、情景を思い起こさせるような言葉を探してください。

表現法　「ある問題についての感じ方に、言葉がどんな影響を与えるか」という研究が、近年進んでいます。たとえば、ブッシュ大統領がイラクの派兵を拡大したことは、「戦争激化」なのでしょうか、それとも「兵力増強」なのでしょうか？　イラク戦争を支持する人たちは、これを「兵力増強」と見る傾向にありました。こう言えば、敵を圧倒し戦争終結を急ぐための短期的な戦力の誇示のように聞こえます。反対に、イラク戦争反対派は、派兵の拡大を「戦争激化」ととらえ、紛争を長引かせ、死者増加や資源の枯渇につながることだと考えました。

企業の多くでは、望んだ反応を引き出す言葉を特定するために、専門会社を雇って調査・検証しています。言いまわしひとつで、商品に対するイメージがガラリと変わるからです。かつて、調査の専門家フランク・ルッツは、不動産税を「死の税金」と呼ぶことで、増税反対の気運を盛りあげました。税金を払いたい人などいません。死んだあとならなおさらです。また、海洋原油掘削の支持者は、これを「エネルギー探知」と呼びます。原油掘削というと怪しいイメージですが、「エネルギー探知」なら前向きで、愛国的なイメージになるからです。

▼ステップ④ 記憶に残る言葉を探す

企業のように大規模調査をしなくても、優れたフレーズを書くことは可能です。短いメッセージでもインパクトを与えることができるのです。ポイントは「引用されやすい言葉」を心がけることです。

乳がん予防を支援する非営利組織は、資金集めのために五キロ走のイベントを催した際、数千人の参加者全員にTシャツを着てもらいました。その明るいピンクと白のTシャツには、ハッとさせられるようなメッセージが入っていました。「そう、これはニセモノ。本物は私を殺そうとしたの」、「乳がんをノックアウト」、「トリプルネガティブの絆」……

短くてインパクトのある言葉としては、格言やたとえも便利です。また、次のように数字を使うことでも、インパクトを与えられます。

- 二〇〇七年にアメリカ人がポテトチップスに使った金額は三〇億ドル。そのお金で、国立衛生研究所の肥満研究に三年以上も資金を提供することができます。（アメリカ疾病予防管理センター）
- 家庭内暴力は伝染病です。世界中の女性の三人に一人はその犠牲になっているのです。（バイ

タル・ボイス・グローバル・パートナーシップ）

●大型客船は、沿岸から三マイル離れた美しい海に毎日、三万ガロンの生ゴミを投棄している。（オセアナ）

成功への道⑤：よい言葉は人の心をつかんでいく

メリンダ・ゲイツは、あるスピーチで、人類学者のマーガレット・リードが語った有名な言葉を引用しました。「ひと握りの思慮深い、献身的な市民が世界を変えられることは間違いありません。まさに、その人たちだけが世界を変えてきたのです」。自分たちの活動の成果を伝えるときも、メリンダはじつに上手に言葉を使います。たとえば彼女は、自分も夫のビルも「せっかちな楽観主義者」だと言っています。このひとことで、「自分たちは多くのことを成し遂げてきたけれど、まだできることがたくさん残っている」と表しているのです。ここに、そのときのスピーチの一部を紹介しておきましょう。

私たちは楽観しています。途上国の現場で出会う人々の人生が、アメリカからの投資によって大きく変わっているからです。ほんの数年前、私と夫は南アフリカのダービンにあるエイズ診療所を訪れました。私たちは、そこもきっと途上国の多くの場所と同じように、働き疲れたスタッフと、長い診察待ちの列と、薬が足りない状況になっているのだろうと思っていました。

ところが、違っていたのです。スタッフの訓練は行き届き、薬は充分に足りていて、患者たちはHIVとともに生きるようカウンセリングを受けていました。この診療所は、すべてアメリカの人々の寄付で成り立っていました。

私たちは楽観しています。世界は確実によくなっています。ただ、そのスピードはまだ不充分で、すべての人がよくなっているわけではありません。この南アフリカの診療所でも、二人の患者が治療を受けるあいだに、五人がHIVに感染しています。

感染を防ぐにはどうしたらいいかがわかっているのに、新たな感染が起きている――だから、私たちは「せっかちな楽観主義者」になるのです。

聴衆は、このメリンダのスピーチに聞き入りました。ゲイツ財団は、ロックフェラー財団が一九一三年の設立以来行なってきた莫大な寄付と同じ金額を、たった数年で提供しています。同時にこの財団は、わかりやいメッセージによって、グローバルヘルスについての人々の関心を着実に高めています。

メリンダは、大統領や首相やロックスターと握手しながら、その同じ手で、ケニアで死にゆくエイズ患者の手を握っていることを伝えています。彼女はそのメッセージによって、富や名声でなく、なにをしなければならないかに光をあてているのです。

III 備えて、書く

6章 アクシデントを味方にする

世界中のあらゆる問題の根本原因のひとつは、言葉ばかりが多くて考えが足りないことにあります。衝動的に行動しているのです。私は話す前にかならず考えるようにしています。

——マーガレット・チェイス・スミス

サラ・ペイリンは、初めての全国テレビ中継となる副大統領の指名スピーチで、ユーモアたっぷりに会場を盛りあげ、あらゆる人々の期待を超えました。ところが、彼女にはムラがありました。準備とリハーサルの整っているときのペイリンは、知己に富む人物に見えましたが、そうでないときはとても愚かに見えました。準備の整っているときは信念の塊《かたまり》のように見えましたが、そうでないときはとんでもない人間に見えました。親近感を抱かせ、希望の星となることもあれば、愚痴の多い絶望的な負け犬になることもありました。

公に注目される存在になると、だれしも浮き沈みを経験するものですが、ペイリンのそれはまるでジェットコースターのように極端でした。副大統領の指名スピーチは、まったくプレッシャーを感じさせず軽々とやってのけました。男性が話すことを前提にしていたスピーチ原稿にみずから手を入れ、完璧に自分のものにしたのです。このスピーチでは、最後の最後に口紅、ホッケーママ、ピットブルといった笑いのツボがはさまれましたが、これはただの幸運なアドリブではなく、周到に準備されたものでした。彼女は以前のスピーチから、ここで笑いがとれることを確信していたのです。

ところが、その意気揚々としたペイリン節も、別のインタビューではすっかり消え、どんな新聞や雑誌を購読していますか、という質問にも答えられませんでした。あとで準備不足を認めましたが、イライラした受け答えは、副大統領の資質に欠けると批判されました。

➤「本番に強い」が理想

ペイリンの正直さや活力、志はお手本にしたいところですが、「無鉄砲」な流儀と扇動的な語り口はまねすべきでないでしょう。無鉄砲な語り口は、高い場所を綱渡りするようなもので、いつまでも続けていくには限界があります。

とはいえ、あまりにも四角四面な語り口にもまた限界があります。毎回、一字一句たがわず原稿に従っていると、なにか不備があったときに対応できません。そういう意味では、すべてがかっちりと決まりすぎている話し方は、まったく整理されていない話し方と同じくバランスが悪いのです。どちらのスタイルでも、話し手は聞き手と絆を築くことができません。

この点で目を惹くのは、エリザベス・ドールです。彼女はきちんと準備を整えながらも、その瞬間ごとに反応できるバランスをとる技術に長《た》けています。細かいところにまで気がつき、とことん練習をすることでも知られ、一度見たものはカメラのように脳裏に焼きつけるともいわれます。そんな彼女の完璧主義は揶揄《やゆ》されることもありましたが、ドールはみごとに切り返して笑いをとりました。「私が原稿を棒読みしていると批判する人もいますが……私の原稿によると、それは真実ではありません」

（「計画的なアドリブ」してますか？）

「計画的なアドリブ」とは、ガチガチにすべてを決めるスタイルからも、まったく先の見通しのつかない状況からも、私たちを救ってくれるものです。原稿をきっちり決めるスタイルと、まったく準備しないスタイルの中間で、「その瞬間を味わう準備をする」というわけです。

▼大統領候補のやり方

ドールが大統領も狙える人物として注目されはじめたのは、皮肉なことに、夫のボブ・ドールの大統領選でのスピーチがきっかけでした。その日、鮮やかな黄色のスーツに身をつつみ、ハイヒールを履いた彼女は、軽々と階段を下りると、数千人の支持者で埋めつくされた会場を歩きまわりました。それは伝統を打ち破る行動でしたし、リスクがあるようにも見えましたが、じつは、周到に準備された動きでした。選挙運動の間に数カ月かけて練られ、何度もリハーサルが行なわれていたのです。テレビ向けのこの日のスピーチは、準備された演出、計画的なアドリブの完璧な例でした。みごとに人々をハッとさせたことで、夫ではなくエリザベスを大統領に推す声が高まりました。そしてその三年後、本当に大統領選に出馬することになったのです。

ノースカロライナ州のサリスベリーで生まれたエリザベスは、兄とともに中流家庭で育ちました。父親は花屋を営み、母親は専業主婦でした。両親とも目標に向かって努力することを重んじ、「自己改善は成長の証」だと彼女に教えました。

少女時代のドールは「なんにでも興味を持ち」、「傍観者ではない人生をおくりたい」と思っていました。政治学を専攻する学生としてデューク大学に入学した当時、「女子学生は、頭がいいか、見栄えがいいかのどちらかだ」と言われていましたが、ドールはその両方に恵まれ、一九五八年には学園祭の女王にも学生自治会の会長にも選ばれました。社交界へのデビューで身につけた落ち着きは、その後、批判者たちを黙らせるに充分でした。

けれども、ハーバード・ロースクールでは、同級生や先生までもがドールと五人の女子学生にあから

エリザベス・ドール
Elizabeth Dole

さまな敵意を向けました。不動産法の教授などは、女子学生は教室にいないものとして扱っていました。一九六五年にロースクールを卒業したときも、大手の法律事務所での男性優位は明らかで、女子学生を採用する事務所はありませんでした。結局、ドールは法律の教育を活かす公職に就きました。

二人の大統領のもとで閣僚を務めたのは、そのあとのことです。ロナルド・レーガンは彼女を運輸長官に指名し、ジョージ・H・W・ブッシュ大統領のもとでは労働長官になりました。一九九一年には政府を去ってアメリカ赤十字のリーダーとなりますが、のちに大統領選に出馬します。ドールは、演台から離れて聴衆とふれあうことに抵抗がなくなったのは、赤十字時代のことだと語っています。また、対話形式のスピーチは、学生だったときに先生が教室のなかを行ったり来たりしているのを見ていた経験から生まれたといいます。

このスタイルは聴衆にウケがよく、彼女は大統領選でも上院議員の選挙活動でも何度もこのやり方を用いました。彼女の身のこなしは自然なので、その場の思いつきのようにも見えますが、どれもアドリブではありません。

あなたも、計画的なアドリブができるようになりたいですか？　それなら、次の五つの段階を踏むといいでしょう。

▶ステップ①　探偵になる

まずは、「だれが」、「なにを」、「どこで」、「いつ」、「なぜ」ということを、探偵のように探りましょう。さまざまなヒントをもとに、聞き手があなたになにを期待しているかを見つけだすのです。そのためにも、イベントなどで話すよう頼まれたときは、引き受ける前にかならず主催者に質問をしましょう。以下、質問項目の例を挙げておきます。

- 聞き手はどんな人たちか？　教育レベルはどのくらいか？　どんな仕事についているのか？　男性か女性か、若いか年配か、都市部か地方か？
- 何人くらいが集まる予定か？
- 自分の話す内容にどのくらい詳しいか（あるいは経験があるか）？
- 聞き手とあなたはどんな関係にあるか？　相手はあなたをどの程度よく知っているか？　以前にその人たちと話したことはあるか？　あなたはどんなふうに思われているか？
- 話のテーマに対して、聞き手はどんな意見を持っているか？　神経質になったり、異論があったりするか？　反対される部分はあるか？
- 話のテーマは彼らにどんな影響を与える可能性があるか？　彼らにとってどのくらい重要か？
- 自分の話から彼らはどんな恩恵を受けられるか？　この話からなにを学びたいのか？
- 聞き手の目的はなにか？　話のどの部分を心にとめてほしいか？

これらを質問した結果、話をすることに決めたら、今度は必要な情報を手に入れます。経験豊富な主催者ならあなたに役立つ情報を知っているでしょうが、そうでない場合もあります。少なくとも、聞き手はどんな構成になっているか、彼らがどんなトピックを期待しているかは調べましょう。そこに集まる人たちは、なんらかの期待を持ってやってきます。聴衆の期待と主催者の期待を知れば、その集まりがあなたにふさわしいものかどうかがわかるはずです。

イベントのチェックポイント

- だれが、なんのためにそのイベントを主催しているのか？
- あなたになにを話してほしいのか？
- いつどこで開催されるか？
- 何番目に、どのくらいの時間話すのか？
- イベント全体はどんな内容なのか？
- ほかにも講演者はいるか？
- だれがあなたを紹介するのか？
- 質疑応答はあるか？
- マスコミ関係者も来るのか？
- 打ち合わせの相手はだれか？
- 服装の決まりはあるか？

イベント　聞き手のことがわかってきたら、次に調べるのはイベントに関することです。役員室のなかで五人の経営陣に話をするのか、ビデオを通じて五〇人に話をするのか、それとも年次総会で五〇〇人に向けてスピーチをするのでしょうか？　また、プログラムはあなたが参加したいと思う内容でしょうか？　上の質問事項を参考に、イベントの内容とあなたの役割についてしっかりと理解しましょう。

可能なら、あなたが話す時間帯も選んでください。お腹が空いていたり、満腹だったりする昼食前後よりも、午前中のほうがいいでしょう。昼食後に部屋を暗くしてパワーポイントのプレゼンをするのは考えものです。いちばん避けたいのは、その日の最後、夜の懇親会の前の時間です。夕食の前後は疲れている人が多いはずです。この時間帯に話すなら、なるべく短めにしましょう。ユーモアのある内容を心がけるのもいいでしょう。

さらに、だれがあなたを紹介するか、どのように紹介するかも調べておきます。あらかじめ紹介の原稿を渡しておけば、あなたの経歴のなかで取り上げてほしい部分を言ってもらえますし、主催者も手間が省けて助かるはずです。ただし、紹介は短かめに。数パラグラフ以内にしましょう。

▼ステップ② 舞台設定にも目配りする

あなたが話す部屋や装置になじめるよう、またスピーチの目的に添うように設定を整えます。これは、あなたが聞き手を引き込んで彼らとつながりを持てるかどうかに関わる大切なポイントです。次のような点を確認しておきましょう。

- 部屋の大きさはどのくらいか？
- 話し手と聞き手の距離はどのくらいか？
- 机と椅子は動かせるか？
- 演台はあるか？

●どんな種類のマイクがあるか？
●どんな音響・ビデオの装置があるか？　いつそれをテストできるか？
●あなたの前に話す人はいるか？　あなたの話の前に休憩はあるか？
●食事や飲み物は出されるか？　それはどこに置かれているか？

さらに、イベントの前に会場で通し練習ができるかどうかも聞いておきます。最低でも、当日の朝には時間をつくって会場に慣れておきたいところです。これを省く人は多いのですが、聴衆の前に出て初めて問題に気づくことも少なくありません。

会場の設定がうまくいけば、それだけ聴衆を巻き込みやすくなります。とはいえ、聴衆を盛りあげるのはもちろんあなた自身です。若かったころ、私は年配の男性たちの前で話すのがとても苦手でした。無表情にこちらをじっと見られるのが怖かったのです。でも本当は、無表情だからといって話に興味がないわけでもなければ、私に敵意を持っているわけでもありませんでした。聞き手はだいたい最初は静かです。もしかしたら、指名されたり、ひとりだけ目立ったりしたくないのかもしれません。

聞き手の気持ちをはかりかねるときは、どうしてほしいかを聞くのもひとつの手です。たとえば、対話形式のほうがいいかどうかを聞いてみましょう。演台から前に出て、対話をうながす雰囲気をつくるのもいいかもしれません。ドールは聴衆に拍手を求めたり、立ち上がってお礼を言ってもらったりします。上院選挙活動の開始スピーチでは、こう語りました。「今日ここに、退役軍人の方々もいらっしゃってますね。みなさんのために、そしていまも国を守ってくれている人々のために立ち上がることを、私はここに約束いたします。さあ、みなさん起立してください。そして、彼らの奉仕と犠牲に感謝しようではありませんか」。拍手はその場の雰囲気を盛りあげ、だれもがリラックスして楽しめるようになります。

女性が成功しようと思ったら、人一倍がんばらなければなりませんでした。優秀だと思われるために、男性の二倍は努力したものです。

――エリザベス・ドール

▼ステップ③ 不安要素はあらかじめチェックする

歩きまわりながら話すのは、見かけほど簡単ではありません。ドールも党大会の夜、スピーチが始まって三分ほどたったところでピンマイクが切れてしまったことがあります。でもこのとき、彼女は本物の落ち着きを見せました。その様子はテレビで生放送されていたのですが、あわてた表情をまったく見せることなく、いったんスピーチを止めると予備のマイクが来るのを待ちました。そして、そのあと聴衆に笑顔を投げかけると、あたたかい拍手が起きました。周到な準備のおかげで、全国放送で醜態をさらさずにすんだのです。

本番前は、マイクの異常だけでなく、音響技術者が操作を誤ったり、聴衆が遅れてきたり、スケジュールどおりに始まらなかったりといったことも起こります。聞き手の注意を集められるかどうかは、会場の環境にもかかっていますから、よくあるトラブルと、それを防ぐ策をいくつか挙げておきましょう。

《騒音》携帯電話の呼び出し音、空調のうなり、食器のふれあう音などで、あなたの声が聞こえにくくなることがあります。隣で工事があったりしたら悲惨です。大声を出せば聞こえるでしょうが、声を張り上げてはいけません。叫ぶような声は耳ざわりですし、喉を傷めてしまいます。少なくとも、大きな会場で大勢を前に話す場合は、前もって音響システムをチェックしておきましょう。あなたの声が聞こえにくい場合には、すみやかに音量を上げてもらうためです。それでも聞きづらければ、少しでも聴衆と近い位置に立つようにします。

《暑すぎ、寒すぎ》参加者がもっとも文句を言うのが室温です。朝一番のイベントでは部屋が冷えていることもあります。前もって居心地のいい温度にしておきましょう。また日中も温度をチェックしなければなりません。人が集まれば室温は上がります。風通しの悪さも温度に影響を与えます。換気装置が充分でない場合は、窓やドアを開けて風を通します。ドアを開けるときには、その周りがきれいで静かかどうかも確かめておきましょう。

《照明》あなたがきちんと見える照明になっていますか？　ホテルの会議室の多くは暗めで、明るさを調節できません。照明を制御できるかどうか、スライドやビデオを見せるときに照明を落とせるかどうかは事前にチェックしておきましょう。大きな窓のある部屋は開放的ではありますが、大きなスクリーンになにかを写すときには、日光がガラスに反射しますし、午後には室温が上がります。カーテンやブラインドを調節できるかチェッすべきでしょう。もしできないなら、スクリーンは直射日光が当たらない場所に置きます。大きな講堂で話す場合や、夜の会の場合には、演台にスポットライトが当たるかどうかもチェックしておきます。ただし、光が強すぎても周囲が見えなくなり、原稿も読みにくくなりますから注意が必要です。

《座席の並べ方》主催者と一緒に、スピーチの目的に添うような座席の並べ方をします。聞き手がノートをとるような会議なら、机のまわりに椅子を並べてもいいですし、小さな机のついた椅子を何列か並べてもいいでしょう。聴衆同士の対話をうながしたい場合は、U字に並べる手もあります。椅子の列が一直線でなく、少し丸くなっていると前の人の頭が邪魔にならず、話し手も聞き手も、互いに見やすくなります。

《座席の数》聴衆の数を予想して、座席数を調整します。多すぎると後ろの席から先に埋まってしまいます。すると、遅く着いた人が前方に歩いてきて話の邪魔になります。足りなくなるのが心配なら、部屋の後ろに予備の椅子を準備しておきましょう。また、通路側に座りたがる人が多いので、横に長く座席を配置してしまうと動きがとれなくなりますし、窮屈な印象も与えてしまいます。配置が終わったら、かならず部屋の後ろに立って視界を確かめましょう。聴衆から、あなたや資料画像がよく見えますか？　内装や壁かけが邪魔になっていませんか？　機械や装置がだれかの視界をさえぎっていませんか？

《マイクの故障》講演者がマイクを握っているのに声が聞こえないと滑稽《こっけい》に見えます。あなたはそうならないよう、マイクテストは前もってすませておきましょう。演台に備えつけのマイクを使うときには、口もとより少し下、一五センチほど離しておきます。マイクは上から話すほうが、下から話すよりも音よく聞こえます。

かつてビルゲイツは、ウィンドウズ98の発表をしている最中にコンピュータがクラッシュしてしまったことがあります。さすがにゲイツは機転をきかせて、「だからまだリリースしてないんですよね」とジョークで切り抜けましたが、ふつうの人ならパニックになってしまうでしょう。機器の不具合の対処法は二つあります。一つは機械装置に頼りすぎないこと。故障はつきものだと心得て、スピーチのアウトラインを書いたノートを予備に準備しておきます。それでも不安だという人は、スピーチ原稿のコピーも、パワーポイントのプリントアウトも、人数分準備しておけば万全です。いざとなったらそれを配布すればいいのです。対処のもう一つは、早めに会場に着いて、機器テストに充分な時間をかけることです。なじみのない会場の場合にはとくに大事です。マウスを動かすといった単純なことでも、手間どるとあせりの原因になりかねません。

➤ステップ④ 見やすい原稿を用意する

手書きのメモを読むよりも、整理されたメモやノートを見ながら話すほうがスムーズに話せます。

ただし、演台に立って話す場合、照明が落ちてくるとふつうの字の大きさでは小さく感じます。最後の最後になって消したり書き込んだりした字も見えにくいので注意が必要です。

スピーチ原稿には、いくつかの種類があります。一字一句を書き出した原稿もあれば、詳しいアウトラインを書いたもの、箇条書きだけのものもあります。いずれにしても、かならず用意はすべきです。

全文原稿　全文を書いた原稿があれば、言葉を選ぶ負担がなくなり、話に集中できます。脱線することもありません。言い忘れがないか気になる人や、どの言葉も重みを持つ正式な会合では、この原稿がいちばんです。

原稿をすべて書き終えたら、見やすい形に整えましょう。まず、ページをまたいで文章を追わなくていいように収めます。こうしておけば、下のほうに素早く目をやるだけでかなりの情報が目に入り、原稿への頼りすぎも防げます。

字の大きさは、あなたが必要なだけ大きくするほうがいいでしょう。行間を一行あけにして、パラグラフの先頭を揃えます。ページ下は、三分の一ほどあけておきます。下のほうになるにつれて、うつむきがちになり、聞き手とのアイコンタクトがなくなってしまうからです。原稿用紙にページ数をつけるもの忘れないようにしましょう。

次ページに、原稿の例を挙げました。よく見ると、中ほどに指示書きがありますね。これは、具

87年前、私たちの祖先はこの大陸に、
自由の理念と、すべての人が平等に創られたという
命題に捧げられた、新しい国を生み出しました。

（間をあける）

いま、私たちは大きな内戦の最中にあります。
この内戦は、この国が、そして同じような理念や
命題に捧げられたあらゆる国が、
長く耐えられるかどうかという試練なのです。

3

体的なテクニックを思い出させるための合図です。「少し休む」とか、「笑顔を見せる」とか、「ペースを速める」といったことです。指示書きをうっかり読んでしまわないように、すべてカッコに入れます。また、抑揚を出したいところには太字や下線を引き、その部分はペースや声の大きさを変えて強調します。この原稿を使って、当日までに何度か声に出して練習しましょう。

アウトライン（骨子）　あなたがスピーチのテーマに通じていて、順番と主なポイントだけを思い出せばいいなら、アウトラインを準備すれば充分でしょう。これがあれば確実な備えになりますし、柔軟に足したり引いたりもできます。最初は全文原稿を書き、自信がついたところでアウトラインに落とし込むのが理想です。

アウトラインには、主なポイントとそれを支える要素、事例や統計をどこで挿入するかなどを書き出します。これも大きめの字で、余白を充分にとりましょう（アウトラインの例は次章でも紹介します）。

インデックスカード　インデックスカードは、箇条書きにも、アウトラインにも、全文原稿にも使えます。A4サイズの紙を切り貼りしてもいいですし、パソコンでフォーマットを作ってもいいですが、カードのほうが普通紙よりも固いので持ちやすく、扱いやすいはずです。対話型のセッションで聴衆の近くに立ちたいときにはとくに便利です。ただし、ジェスチャーと一緒にカードを振りまわさないよう気をつけてください。カードは動かしていないほうの手で持ちます。基本的には、記憶を確かめるためにときどき見るくらいで充分です。束を落としてしまったときあわてないように、ページ番号を振るのも忘れないように。

テレプロンプター　アナウンサーがニュースを読みあげるとき、目の動きに注目すると、少しだけ左右に行ったり来たりしているのがわかるでしょう。彼らはテレプロンプターを使っています。通常は教科書くらいの大きさで、たいてい話す人から一五センチほど離れた左右両側の場所に置かれます。そこにスピーチ原稿が映し出されるしくみです。これを使うと不自然だからと敬遠する人もいますが、紙を読むのもスクリーンを読むのも、それほど差はありません。リハーサルをすればあなたも使いこなせるはずです。

▼ステップ⑤ 使えるビジュアル素材を用意する

人の名前と顔とでは、どちらをよく覚えていますか？　名前は思い出せないけれど、顔は覚えているという人は多いはずです。ハーバード大学の研究によると、スライド、フリップチャート、小道具やビデオといったビジュアル素材を使うと、聴衆の記憶が四〇パーセントも上がるそうです。また、ビジュアル素材を使うことで話し手のイメージも上がります。上手につくられたビジュアル素材があると、よりプロらしく、説得力があり、興味深く、準備が整っているように見えます。ただし、使いすぎたり使い方を間違うと逆にマイナスになるので注意しましょう。

いいパワーポイント

- 図表がシンプル。
- 各行が数十字以内で1ページが6行以内に収まっている。
- 写真がある。
- イラストがシンプル。
- 短いビデオがある。

ダメなパワーポイント

- イラストが複雑。
- 文字が多すぎる。
- 読みにくい書体。
- 色使いが悪い。
- 箇条書きや文字がバラバラに配置されている。

パワーポイント　パワーポイントのいいところは、画像やイラストを簡単に取り込めるところですが、すべての文章をヘッダーと箇条書きに落とし込まなければならないのは不便でもあります。そのせいで、盛り込める情報が決まってしまいますし、複雑なアイデアを過度に単純化し、対話を減らし、創造性を減退させるともいわれます。ある海兵隊の大将は、「パワーポイントは私たちを愚かにする」とまで言いました。

アフガニスタンにおけるアメリカ軍の戦略を描いたパワーポイントのスライドは、最悪の例でした。その一枚の図は、軍事組織図というよりも、スパゲティとミートボールが鍋の中で絡まりあった絵のようでした。あまりにもばかげた図だったために、軍事作戦のプレゼンテーションではパワーポイントの使用を禁じた司令官も出現したほどでした。「世界の問題には、箇条書きにできないものもある」と、かの大将は言いました。

けれども、軍隊と違って企業では、取締役会や売り込みや研修などでパワーポイントを必須にしていることも少なくありません。もしあなたの職場でもそうなら、まずは言いたいことのアウトラインを書き、その論点を明確にするためにビジュアルが役に立つかどうかを考えてください。ビジュアルは説明を支えるためのものであって、説明そのものではありません。いきなりスライドを作ることから始めるのはやめましょう。フォーマットに収まる内容を考えるのに無駄な時間を使ってしまいかねません。

スライド作りの際は、高速道路で見かける看板広告をイメージするのがコツです。時速九〇キロで走っている車からも読めるようにするという意味です。多色使いは危険です。黄色は見えにくいし、聴衆のなかに色弱の人がいたら赤と緑の区別がつかないことも覚えておきましょう。めずらしい書体や斜体も読みづらいものです。言うまでもなく、誤字や脱字はないようにしましょう。

フリップチャートとホワイトボード　ハイテク画像のほうが、フリップチャートやホワイトボードよりも効果的だと思い込んではいけません。原始的なツールはスライドよりも双方向性があり、研修にはむしろこちらのほうが向いています。延長コードもケーブルも不要、マジックさえあればよく、不具合も起きません。フリップチャートに話の内容をすべて前もって書き出しておくこともできます。薄いえんぴつで下書きをしておけば、だれも気がつきません。とはいえ大人数が相手の場合は、フリップチャートやホワイトボードの効果は低くなります。四〇人を超えたら、後ろのほうの人には見えなくなるでしょう。

小道具　世界的に有名な女性司会者のオプラ・ウィンフリーは、どれだけ体重を落としたかを伝えるために、赤い荷車に三〇キロもの脂を乗せてスタジオに登場しました。こうしたリアルな小道具は、斬新で記憶に残ります。いい小道具は、言葉よりも上手にストーリーを語るので、話しながら紹介すれば、聞き手の注意を引くことができます。

劇場や映画では、筋やキャラクターの個性を強調するために小道具が使われてきました。小道具(プロップ)という言葉は、もともと「劇場の所有物(プロパティ)」という舞台用語から来ています。たとえば、『オズの魔法使い』に出てくるドロシーの真っ赤なスリッパや、『ガラスの動物園』に出てくるローラの小さな置物などは有名です。ドールは上院議員になって初めてのスピーチで、変な形のサツマイモを手に持って登場しました。そのサツマイモは形が悪いので売りものになりませんでしたが、食べられることに変わりはありません。それは、飢えている人に与えられるはずの食べ物が無駄になっていることを効果的に示すための小道具でした。

マルチメディア　動画などのビジュアルを使った、マルチメディアのスピーチもよく見かけますが、すべてのビジュアルは、スピーチのメインテーマにきちんと結びつくストーリーになっていなければ意味がありません。時間配分にも気をつけましょう。高い画質のものでなければ、数分を超える動画はダメです。画像の粗いつまらないビデオを見せられる聴衆の気持ちにもなってください。

配布資料　スピーチの概要や原稿そのものは、配布資料として配るべきではありません。話したことを補足したり、追加的な情報を提供するのが配布資料の役割です。たとえば、スクリーンでは見えない細かい図表やスプレッドシートなどならいいでしょう。聞き手はスピーチの九割は忘れてしまうので、細かい点を思い出したり利用したりするのに便利です。見やすい資料ほど、読んでもらえる確率は高くなります。

配布資料を用意した場合は、スピーチのはじめにその旨を伝え、ノートはとらなくても大丈夫だと言いましょう。ただし、資料を配るのは話の最後です。はじめに配ってしまうと、聞き手が勝手に内容を先読みしてしまうからです。もちろん、聞き手に穴埋めしてもらうような演習ページがある場合は、先に配ってかまいません。

（それでもなにかが起こったら）

ハプニングには、アドリブがものを言います。ときには、それが思わぬ成果となって報われる場合もあります。少なくとも、アドリブがうまくいけば、聞き手はあなたの臨機応変さを高く評価するはずです。もし、あまりうまくいかなくても、努力はしたと受けとめてくれるでしょう。

エリザベス・ドールはかつて、そうしたチャンスを逃したことがあります。党大会でのスピーチの終わり近くに、会場の後ろからかすかな声援の合唱が沸き起こったのに、それを鎮《しず》めてしまったのです。もし、この思いがけない反応にドールが応えていれば、声援は最高潮に高まり、熱狂を生み出せていたかもしれません。でも、このときの彼女は、原稿とスケジュールのことで頭がいっぱいで、そのまま暗記していたスピーチを続けてしまいました。

アドリブとは、その瞬間に起きていることに反応するスキルです。俳優やコメディアンは観客の反応を予想し、それに応え、自分を変えるテクニックを磨いています。アドリブの技術を身につければ、自信がつくことうけあいです。高度なテクニックですが、次のようなポイントを押さえておけば、あなたもできるようになるかもしれません。

《この瞬間に集中する》ハプニングが起きても、あせらず、いま起きていることに集中しましょう。

《思いがけない出来事を受け入れる》照明が落ちたり、だれかが気絶したりといったアクシデントが生じたら、何事もなかったふりをするのではなく、いったん話を中断しましょう。そして、まずそちらに対応します。なにか起きても、あなたのせいではありません。「あるべき姿」にこだわるのはやめましょう。

《ひらめいたら従う》あなたは事前に充分予習をしてきました。トピックについても聴衆についてもくわしく知っています。もし興味深い重要な点を思いついたら、多少脱線してもかまいません。いいストーリーが頭に浮かんだら、話をそちらに向けてもいいのです。

《助け舟に乗る》飛行機で気分の悪くなった乗客を、たまたま乗っていた医者が助けてくれるように、話をしている最中に起きたパソコンのトラブルを、会場にいるだれかが解決してくれることがあります。聴衆のだれかが素晴らしいコメントをしたり、ちょっとしたユーモアで場を和ませてくれることだってあるでしょう。そうした人たちの助けはありがたく受け入れ、感謝の言葉で応えましょう。

念には念を

もし、神が細部に宿っていないとすると、そこに宿っているのは悪魔です。小さなことにも注意しましょう。そうすれば、聴衆の前で冷や汗をかかなくてすみます。またそれが、優れた話し手とそうでない人の違いです。

この章の最後として、すべての準備が整っていることを確かめるための、最終的なチェックリストを挙げておきます。

- スピーチ原稿はあるか？　きちんと順番に並んでいるか？
- 今日の新聞とメールをチェックする。昨夜起きたことで、スピーチに関係する出来事はないか？　あれば原稿に変更を加える。
- 早目に到着して、部屋の設定を確認する。
- 音響および画像装置はきちんと動いているか？

●マイクをテストする。
●イベントの内容に直前の変更がないかどうか確認する。
●常温の水を頼むか、持参する。
●控室でリラクゼーションと深呼吸のエクササイズをする。
●化粧室の鏡で最後のチェックをする。髪は整っているか？　ボタンは外れていないか？　ファスナーは締まっているか？
●あとで見直すためにスピーチを録画する。

〈成功への道⑥：苦労はかならず報われる〉

エリザベス・ドールは、自分にできることをすべて準備すれば、心の平穏を得られることを証明しました。その人生を通してつねにガラスの天井に挑みつづけ、二〇〇〇年の大統領選では、大統領になれる現実的な可能性を持った初めての女性候補となりました。選挙資金の不足から後退してしまいましたが、そこで見せた落ち着きと強さは、彼女にノースカロライナ初の女性上院議員への道を切り開きました。

どんなことでも、準備の時間をつくるのは大変なことです。仕事と家庭や私生活を両立させようと思えば、時間の奪いあいになるでしょう。それでも事前に計画を立て、ひとつずつ準備を重ねれば、あなたには次のようなうれしい展開が待っています。

- 高い評価を受ける。
- 話をしたあとに人が集まって自己紹介したがる。
- 次回もまた頼まれる。
- 格上のイベントに招待される。
- 昇進する、広く認められる、インスピレーションを与えたことを感謝される。

実行するかしないかは、あなた次第です。

7章 上手に書けば、上手に話せる

人々が耳を傾け、それが頭に入り込み、そのまま心に流れ込むように綴るのが理想です。

――マヤ・アンジェロウ

その夜、ワシントンの有力者たちは、ゲストスピーカーを心待ちにしていました。このイベントにはこれまで、世界でもっとも有名な人たちが登壇してきました。ミハイル・ゴルバチョフ、デズモンド・ツツ、マーガレット・サッチャー、ウォルター・クロンカイト……、まさにきら星のようなリーダーや成功者たちです。

そしてこの日、ステージに現れたのはマヤ・アンジェロウでした。暗くなった会場のなかで柔らかな光に照らされ、白いサテンのドレスが神々しさをかもしだしていたアンジェロウは、政府高官や外交官や国会議員でいっぱいの客席に目をやると、少し頭をかしげ、それから歌いだしました。

それは、この国でもっとも伝統的な聴衆の前での、もっとも伝統からはずれた始まり方でしたが、

マヤ・アンジェロウ
Maya Angelou

アンジェロウにとってそのパフォーマンスは、二〇代で初めてキャバレーの歌手としてステージ立って以来、自分がずっとしてきたことの象徴でした。これまで、さまざまな場で数えきれないほど行なってきたように、アンジェロウは温かいチョコレートのごとく深く味わいのある言葉を紡ぎ出し、観客を酔わせたのです。

ブロードウェイのショーであろうが、大統領就任式の朗読であろうが、彼女はつねに自分らしい言葉で語ります。アンジェロウはこう言っています。「言葉の紡ぎ方を変えて新鮮なものにするんです。紡ぎ方ひとつで、人々を泣かせることもできます。違うように紡げば、笑わせることもできます。言葉をボールのように一つに束ねて壁に投げると、それが跳ね返ってくるんです」。そんなアンジェロウの言葉は、自伝や子ども向けの本、戯曲や詩やカードに著されて、世界中の人々の心の糧となっています。

実際、マヤ・アンジェロウは、「驚くべき女性」のお手本です。彼女が部屋に入ってくると、その神々しさにハッとするほどです。言葉づかいやスピーチは少々威圧的ですらありますが、決して思いつきの言葉ではありません。言葉が人を傷つけることも癒すことも、彼女は自身の経験から知り抜いています。

アンジェロウは、言葉で物事を表現することに人生を捧げてきた人です。「言葉を使いなさい、男たちよ。言葉を使いなさい、女たちよ。言葉だけが、私たちを他の生き物と区別するのです。言葉は、私たちの感情を表現する力です。『私はそれを信じます』『私にはそれが必要です』と」

アンジェロウがスピーチの達人なのは、彼女が執筆の達人だからです。上手に書くことができなければ、上手に話すことはできません。

（どうして書くことが大切なのか）

ツイッターやテレビが瞬時にして社会に影響を与える現代では、スピーチを書く能力など必要ないと思う人もいるかもしれません。パワーポイントでミーティングを乗り切れるなら、文節やつなぎの言葉を考えるのに時間をかけるのが無駄なことに思えるのもわかります。いや、それ以前に、スピーチ用の原稿を書くことに気後れする人が多いはずです。スピーチ用原稿の書き方は、他の文章の書き方とは違うからです。目で読んだときに素晴らしい原稿でも、口に出したときに素晴らしいとはかぎりません。

ほとんどの原稿は、目で読むために書かれています。そこにある句読点やびっくりマーク、クエスチョンマークは、読む人にさまざまなニュアンスを伝えます。ところがスピーチには、「目に見えるヒント」がありません。言葉は口から出たとたんに消えてしまいます。そのぶん、はっきりと

ダメなスピーチ用原稿	理想のスピーチ用原稿
● 内容が重複している。 ● 思いつきで書いている。 ● 言いまわしが抽象的。 ● 言葉づかいが弱々しく不確か。 ● 専門用語を多用している。 ● 全体のトーンが受け身。 ● 主張にまとまりがない。	● 一文が短い。 ● 文章の長さにバリエーションがある。 ● 主張が具体的。 ● 言葉が少な目でシンプル。 ● 短い言葉を多用する。 ● 能動態で語る。 ● 重要なポイントを繰り返す。

わかりやすい内容を練り、話の変わる節目には言葉や音の合図を入れるなど、スピーチ用原稿には独自の工夫が求められます。この章で、それらをしっかりつかんでください。

どこからどう書くか

アンジェロウは、いつも昔ながらのレポート用紙に書きはじめます。iPadもパソコンも使いません。まっさらな紙が彼女を恐れさせ、同時にワクワクさせるといいます。「黄色いレポート用紙を見ると、ひざがガクガクして、つばが湧いてくるの」

でも、ふつうの人は原稿の書きはじめに手間どりがちです。そのせいで、いつまでも先送りにしたり、結局書けない人も少なくありません。そもそも、「作文はどうしても苦痛！」という人もいるでしょう。そういう人は、一気に書きあげようとしないで、小さなステップに分けるのがポイントです。数日に分散させれば、だいぶ気が楽になるはずです。

ここで、上手に原稿を書く四つのコツを紹介しましょう。

▼書き方① なんのためのスピーチか？

目的のないスピーチは、自分のエゴを満たす押し売りか、ぐだぐだなおしゃべりにすぎません。なにを成し遂げたいのか、また与えられた設定、聞き手、機会に照らしてなにが成し遂げられるのかをはっきりさせてください。あなたが話す場は、年次取締役会ですか、それとも夜のチャリティ・イベントですか？ イベントの種類や聞き手によって、会場の雰囲気は違います。

まず、スピーチには四種類あることを知っておきましょう。すなわち、「聴衆の気持ちを盛りあげるもの」「情報を提供するもの」「人を説得するもの」、そして「人を楽しませるもの」です。聴衆が集まる理由と、あなたが聴衆にどんな反応を求めているかを考えて、あなたのスピーチがこのうちのどれかを見極めてください。

〈目的〉	〈望ましい反応〉
●気持ちを盛りあげる	●感謝の念が高まる。だれかに敬意を払う。
●情報を提供する	●理解が深まる。教育する。
●説得する	●行動や信条が変わる。
●楽しませる	●リラックスする。楽しむ。

気持ちを盛りあげるためのスピーチ

引退式やスポーツイベントや授賞式のように、だれかに敬意をはらうために人々が集まる会でよく耳にするのが、このタイプのスピーチです。歌手のプリンスがロックの殿堂入りを果たしたとき、アリシア・キーズは彼を讃えてこう語りました。「硬さと柔らかさ、強さと弱さ、正直さと恥ずかしさを同時に感じさせてくれるのは、世界中でこの人だけです」

弔辞や追悼もまた、このタイプのスピーチに入ります。市民権運動の魂そのものだった女性、コレッタ・スコット・キング（キング牧師夫人）の葬儀では、マヤ・アンジェロウがアメリカの宝でもあったこの親友について、次のように語りました。

国家が揺れ動くなか、世界中で暴動が発生するなか、コレッタ・スコット・キングの表情はいつも平穏そのものでした。国内で暴力の嵐が吹き荒れたときも、彼女はまるで安らかに眠る子どものように、ただ座って静かにひざに手を置いていました。

彼女はその情熱をひけらかしませんでした。代わりに勤勉さと活力とで行動をうながし、現在と過去の世界中の間違いを正そうとしました。

彼女は非暴力による抗議を固く信じていました。

それが、奴隷の歴史と物質過剰の文化におかされた国家を癒すと信じていました。

非暴力の抗議によって人種差別と偏見に満ちた国家を解放できる、と固く信じていたのです。

彼女は、抑圧された南部の小さな町で生まれ、トウモロコシ畑からやってきて鉄の女になることを運命づけられた、やさしさと強さを兼ね備えた、アフリカ系アメリカ人女性の典型でした。

情報を与えるためのスピーチ　このタイプのスピーチの目的は、なにかを伝え、教育し、啓蒙することです。話し手は、かならずしも聞き手に行動を起こさせようとするわけではありません。選択肢や代替案の提示が目的の場合もあります。研修や教育関連のスピーチがこれにあたるのはもちろんですが、どんなスピーチにも、情報提供の側面はあるものです。問題は、聴衆が理解し、記憶にとどめられるような材料を提示するのはなかなか難しいということです。その点、スピーチの達人は、聞き手の理解力と記憶力を高めるさまざまな方法をとっています。ビジュアル素材、実演、ロールプレイ、ストーリーテリング、配布資料……、すべてが学習を深めるツールになります。

たとえば、古代の楽器を人々に伝えている演奏家のキャロライン・フィリップスは、演奏会で、観客に手まわし式オルガンの初心者レッスンをします。そしてそのとき、バイオリンと大きな掃除機を足して二で割ったようなこのオルガンを、こんなふうに紹介します。

これが、手まわしオルガン、または回転式バイオリンと呼ばれるもので、（スライドでおわかりになるように）この楽器にはいくつかの異なる種類と形があります。これは世界で唯一、クランクを使って輪を回転させ、弦をはじくしくみの楽器です。弦は三弦です。第二弦がメロディを奏でます。木製のキーボードではじくので、ピアノのような音色です。第三弦は、「ドッグ」と呼ばれます。クランクをまわすか、圧力をかけると、犬が吠えるような音が出ます。

この楽器は一〇〇〇年前に発明されたものですが、すべてがとても斬新に思えます。もともとは二人がかりで演奏する楽器でした。一人がクランクをまわし、もう一人がメロディを演奏しました。アコースティックな低音の響きにメロディが乗るという独特の楽器で、歴史的にダンス音楽に使われてきました。

でも、いまではあらゆる種類の音楽で活躍しています。ダンス、現代音楽、ワールドミュージック。イギリスでも、フランスでも、スペインでも。この楽器を一台つくるには、三年から五年かかります。ヨーロッパの専門職人がつくっています。チューニングが非常に難しい楽器です。

では、前置きはこのくらいにして、演奏してみましょう。

説得のためのスピーチ　情報提供のためのスピーチをする人が先生だとすると、説得のためのスピーチをする人はリーダーです。その目的は、聞き手のものの見方を変えることだったり、行動を起こさせることだったりします。話し手は、賛成票を入れる、新製品を買う、チャリティに寄付する、議員に連絡をとるというように、聴衆にしてほしい具体的な行動を挙げます。

また、このスピーチは、聞き手の感情や価値観に訴えるものがほとんどです。たとえば、家族の安全と安心を確保するために、自宅に防犯システムを導入するよう強く勧めるといった具合です。

政治家候補なら、「貧しい家庭で苦労した」というストーリーを語り、勤勉という価値観に訴えたりします。

さらに、この手のスピーチでは、「バンドワゴン効果」がよく使われます。「他の人もみんなやっているから」それをしなさい、または信じなさいと説得するやり方です。ビジネス会議や営業のプレゼンテーションなど、聞き手が結果を左右する力を握っている会では、この話法を頻繁に耳にします。

ロビン・チェイスは、素晴らしいイノベーターであり、ちょっとした自動車オタクでもあります。MITでビジネスを学び、二〇〇〇年に設立したジップカーは、いまでは世界一のカーシェア企業です。その彼女が、テクノロジーのカンファレンスで、なぜ顧客が、とくに女性がジップカーの大ファンになっているかを、次のように説明しました。

ジップカーのユーザーになるとは、どういうことでしょう？　それは、必要な分だけお金を払うことを意味します。自動車を使っていない時間には、お金を払わなくていいんです。それに、どこかに行くたびごとに、ベストの車種を選べます。電気自動車のミアを予約した女性は、大変満足していました。私は、クライアントに会いに行くときにはBMWを運転します。サーフィンに行くときにはトヨタのワゴン車を運転します。こんなふうに自動車を持つことの一番すごい利点をご存じですか？　それは、世界中七つの都市で、好きなときにあらゆる種類の車に乗れるとい

うことです。手が届かないと思っていた車にも乗れるんです。しかも、修理やメンテナンスその他のめんどうなことは一切必要ありません。いいことばかりで、悪いことはひとつもないんです。

人を楽しませるためのスピーチ　このタイプのスピーチをするのはお楽しみのイベントのときで、人々はリラックスして話を聞こうという気分になっています。ユーモアを交えるのは当然ですが、それでもかならずテーマや視点が必要です。めずらしい小道具や、ドラマチックなビデオや音楽を取り入れるのもいいでしょう。あなたの想像以上に大きな影響を与えられるはずです。

ローラ・ブッシュ元大統領夫人は、恒例のホワイトハウス記者協会のディナーの席で、ユーモアの才能を発揮し、場を盛りあげました。この夕食会には、ワシントンの報道陣、政界の大物やハリウッドのセレブが参加するのですが、二〇〇五年の会でローラは静かに座っているのに飽き飽きして、夫のジョージ・ブッシュについて言いたいことがある、と切り出したのです。

ジョージはいつもこの記者協会ディナーを楽しみにしていると言っていますけど、とんでもありません。この時間には、だいたい寝ているんです。ウソじゃないのよ。このあいだ、主人にこう言ったくらいです。「ジョージ、世界から独裁者を退治したいなら、もっと遅くまで起きていないとだめじゃない」

私の夫はアメリカの大統領ですけど、いつも夜はそんな感じです。九時にはすやすや寝ているので、私は『デスパレートな妻たち』を見てるんです。（副大統領夫人の）リン・チェイニーとね。みなさん、私こそ絶望的《デスパレート》な妻なの。あの番組の奥様たちが絶望的だと思ってるとしたら、ジョージと暮らしてみるべきね。

先日も、ジョージが寝てしまったので、リンとコンディ・ライス、カレン・ヒューズと私とで、近所のバーに行ったの。ルース・ギンズバーグ判事とサンドラ・デイ・オコナーもいたわ。まあ、そこでなにが起きたかは言わないでおくけれど、リンのシークレットサービスの暗号が、「一ドル札」になったってことはお伝えしときます。

ジョージと私は本当に正反対なんです。私は静かで彼はおしゃべり。私は内向的で彼は外交的。それに私は「ニュークリア」を発音できるんですよ。

でも、意外ですが、ジョージと私は一緒になる運命だったのだと思います。私は図書館の司書で日に一二時間も図書館にいたのに、なぜか彼に出会ったのですから。

▶書き方② テーマを選ぶ

スピーチの種類が決まったら、次はテーマ選びです。テーマとは、あなたが伝えたいもっとも重要なアイデアまたはメッセージ、つまりスピーチの核です。価値観や信条を表すような大きなことを考えましょう。たとえば、アンジェロウの「朝の鼓動」という詩のテーマは「希望の再生」です。その詩は、「明るい夜明けが訪れようとしている」で始まり、最後にまたテーマに戻ります。「もう一度、夢に向かって生まれ変わろう」「新しい時間は、いつも新しいチャンスを抱いている」
テーマを決める際は、次の五つの質問に順番に答えてみてください。できるだけ具体的に答えていけば、あなたがなによりも伝えたいことが見えてくるはずです。

質問① トピックは見つかりましたか？　トピックとは、これからあなたが話そうとしている出来事や話題です。人前で話すときは、これをできるだけ簡潔に、具体的に述べなければなりません。どんなテーマにも無数のアプローチがありますが、トピックが明確でないとスピーチは失敗に終わります。よくある失敗は、与えられた時間内に語りきれないような、幅広いトピックを選んでしまうケースです。

そうではなく、できるだけ狭く設定するのがポイントです。たとえば、「公教育の重要性」では範囲が広すぎます。より具体的に、「親の強い関わりが公立学校の成功の鍵になる」というようにします。「法的に認められたパートーナシップに関する国民投票への支持」、これでは曖昧《あいまい》すぎますが、「すべての市民は平等かつ公平に扱われるべきなので、法的に認められるパートナーシップを決めるための国民投票を支持する」とすれば明快です。

質問② だれに届けるのですか？　だれが出席するかがあやふやではいけません。主催者から聞き手に関する情報を得る方法（質問事項）は、すでに前章で紹介しましたね。それらの情報をもとに、明確に聴衆の定義をしてください。たとえば、自動車レース好きの父親、子どものサッカーを応援する郊外の母親、ハイテク業界の二〇〜四〇代の男性起業家、アリゾナ在住で年金暮らしの高齢者、というようにです。

質問③ なにを主張したいのですか？ 聞き手をはっきりと理解できたら、次はなにを成し遂げたいのかを特定します。絵に描いた餅や意味のないかけ声に終わらないよう、具体的な事柄に焦点をあてましょう。たとえば、「認知度を上げる」では抽象的すぎます。聞き手にしてほしいことをもっとはっきりさせるべきです。元大統領夫人のナンシー・レーガンは、幹細胞研究への支援を発表し、人間の胚を使った研究を支持すると言ったうえで、政治信条に関係なく、この研究者に資金を提供するよう情熱的に呼びかけました。それは、夫のロナルド・レーガンのアルツハイマー病を治すのに役立つ研究でした。

質問④ 聞き手にも関係しますか？ スピーチの聞き手は、あなたの話を聞きながら、「それが自分にどう関係するのか？」と自問しています。もっと言えば、それがどう自分の利益になるかを知りたいのです。どう関係するかで、聴衆を引き込み、最後まで耳を傾けさせられるかどうかが決まります。結論まで答えを引き延ばしてはいけません。トピックが彼らの価値観と一致していればなおよいでしょう。たとえば、犬や猫が好きな人はたくさんいますが、だからといって、だれもが捨てられた犬や猫をシェルターからもらい受けるわけではありません。そこでアメリカ動物愛護協会では、動物好きの人に資金援助を求めています。そうすることで、動物の命を救っているのです。

質問⑤ あなたの利益と聞き手の利益が一致するのはどこですか？ あなたと聞き手を結びつける共通項はなんですか？ 同じ志を持つ人たちが集まるカンファレンスで話をするなら、それは明らかでしょう。けれども、聴衆になじみがなく、相手が懐疑的だったり敵対的だったりすれば、共通項を見つけるのに工夫を要します。たとえば、アメリカ野鳥保護協会のメンバーと鴨狩りの会のメンバーには、共通点などなさそうに見えます。が、どちらも野生動物のための湿地や開放地の保護という点では一致しています。どちらのメンバーも、モールや住宅開発によって土地が侵されることには反対です。

詩人、パフォーマー、そのほか アンジェロウはもともとダンサーでしたが、ひざが動かなくなったことから、その創造的なエネルギーを歌と演技にそそぐようになりました。歌手として彼女は、ミュージカル『ポーギー&ベス』のヨーロッパ公演に加わり、一年かけてパリ、ローマ、カイロをまわりました。公演が成功してニューヨークに戻ってからは、アメリカでもっともクリエイティブな著者や歴史家や小説家の集まりである、「ハーレム・ライターズ・ギルド」に参加しました。アメリカに戻ったことで、最愛の息子とも一緒に暮らせるようになりました。彼女が一人息子を生んだのは、高校を卒業してすぐのことでした。父親がいなかったため、彼女はダンスや歌のレッスンを受けながら、さまざまな仕事に就きました。黒人女性として初めてサンフランシスコの路面電車運転士にもなりましたし、売春宿の管理人にもなりました。一度は結婚しましたが長くは続かず、彼女は家族や多くの友とともに、愛と支援のコミュニティを築いていきました。

そして一九六〇年代の終わり、脚本家や詩人として活動していたときに、公共放送でアフリカ系アメリカ人を描いたテレビシリーズを制作してほしいと依頼されます。テレビ番組の脚本は初めてでしたが、彼女は全身全霊をそそいで『ブラック、ブルー、ブラック』を書きあげ、それが成功をおさめます。こうしてアンジェロウは、アメリカでもっとも才能ある作家になっていきました。一九七〇年に出版された自伝『歌え、翔べない鳥たちよ』も、ベストセラーになりました。この本は、人種隔離された南部で生まれた黒人の子どもの成長物語ですが、彼女はこれを、アフリカ系アメリカ人の経験を受け入れ、人間の精神を祝うために描いたのだと言っています。

自伝のなかでアンジェロウは、幼少期のつらい経験を細かく描写し、そのために六年間言葉を話せなかったと書いています。七歳のときに彼女をレイプした男が死んだことで自分を責め、沈黙を選んだのです。その男は母親のボーイフレンドで、裁判にかけられたあと、アンジェロウの叔父によって殺されました。アンジェロウは、自分がその男の名前を親戚に告げたために男が殺されたのだと思ったのです。彼女は弟とともに、アーカンソー州に住む祖母のもとに送られました。

黒人地区で小間物屋を開いていた祖母のアニー・ヘンダーソンは、アンジェロウの人生においても、人種隔離されたコミュニティにおいても、威厳を放つ存在でした。彼女は孫娘の沈黙を受け入れ、いつか時がきたら話すようになると確信していました。アンジェロウは言葉こそ発しませんでしたが、図書館で借りてきた本はむさぼるように読んでいました。

彼女が言葉を取り戻すのを助けたのは、祖母の友人、バーサ・フラワーズでした。フラワーズ夫人は、詩を本当に愛するには声に出して読まなければだめよ、と教えてくれました。「口に出すまでは、舌で感じるまでは、唇からこぼれだすまでは、本当に詩を愛することはできないのよ」

そして、アンジェロウは詩を目ではなく耳で書くようになりました。「私は耳を澄まします。ラジオを聞き、教会の音楽を聞きます。詩が耳から聞こえてきます。自分の身体全体が耳になったように感じ、どこにいても、音が毛穴から入って細胞のなかに染みわたるような気がします」。彼女の「それでも私は立ち上がる」という詩を声に出して読むと、簡潔ではっきりとした文章で感情を表現するアンジェロウのすごさが、とてもよくわかります。しいたげられてもなお立ち上がるとは、周囲を驚かせ、反発を招くほど生意気に立ち上がるとはどういうことかを、感じることができるのです。

▼書き方③ 流れを整理する

人生は、吐く息の数ではなく、息をのむ瞬間によってはかられる。

——マヤ・アンジェロウ

口からダラダラと意識を垂れ流すのはただのおしゃべりであって、スピーチではありません。詩人は、たいてい三〇行以下で、しかも一定の型のなかで伝えたいことをみごとに表現します。ラップでも、俳句でも、ソネットでも、アイデアや感情は特定のリズムで流れます。小説は「最高の順番で並んだ言葉」、詩は「最高の順番で並んだ最高の言葉」だと言われます。だとするとスピーチは、「最高の順番で語られる最高の言葉」ということになるでしょうか。

スピーチは、聴衆にわかりやすく、追いかけやすい流れになっていなければなりません。情報の洪水になっても、データの羅列になってもいけません。A地点から始まってZ地点で終わるのもいけません。聞き手があなたの重要なポイントを聞き、それを記憶にとどめるには、輪を一巡するようなアプローチが求められます。優れたスピーチ用原稿は、文字どおり丸くなっている、つまり始まった場所で終わります。まず導入部でトピックと目的を示し、テーマを暗示したら、本論で目標や目的を支える主な論点を展開します。そして結論部で主な論点を要約し、主要テーマにもう一度戻るのです。

本論のアウトライン　本論は、論点を三つか四つに絞ってアウトラインをつくるところから始めます。このアウトラインがあれば、スピーチ全体の秩序とバランスが確保でき、複数のアイデアもうまく流れるように展開できます。どのアイデアが目立ちすぎるかもわかります。次の五つの方法を参考にして、あなたもアウトラインを作成してみてください。

《時系列順》これは時間の経過に沿ってアイデアを並べる方法です。出来事なら起きた順に、プロセスなら経過順に並べます。次の例は、過去一五〇年間の女性運動の歴史を描いたものです。

I　女性運動の最初の波は、一八四八年にニューヨーク州セネカフォールで起きました。
Ⓐワイオミングの女性が一八九〇年に選挙権を得た。

Ⓑ一九二〇年に女性参政権を認める修正条項が成立した。

II　二〇世紀の中ごろに、法律や文化の男女平等に注目する第二の波が起きました。

Ⓐ一九六三年に賃金均等法が成立し、賃金差別は違法となった。

Ⓑ一九六六年に全米女性機構が設立された。

III　今日のムーブメントは、第二の波を受け継いで、過去の失敗に対応するものです。

Ⓐトーマス判事に関するアニタヒルへの公聴会で職場のセクハラが全米の注目を集め、一九九二年は政治における「女性の年」となった。

Ⓑ若い世代の女性たちは、第三の波をつくりだし、人種問題と世代間ギャップへの認識を高めている。


《トピック別》これは単純にトピックごとにスピーチを分ける方法です。ついなんでもかんでも入れたくなりますが、聞き手がいちばん興味を持つものに絞ってください。次に紹介するのは、グレート・ピレニーズを飼うことを検討している人たちに向けた、トピック別のアウトラインです。

Ⅰ グレート・ピレニーズ：大型犬
Ⓐ犬種の歴史
Ⓑ犬種の情報
Ⅱ 特徴と性格
Ⓐ子どもや他の動物にやさしい
Ⓑしつけが必要
Ⅲ ケアと食べ物
Ⓐ食事
Ⓑ運動

《**場所別**》これは、位置、場所、または相対的な方向によって主なポイントを整理する方法です。見てわかりやすく、整然としてロジカルな流れをつくってくれます。インテリアデザイナーなら、場所別に分けることで改装の進め方を説明できます。台所から始めて、その部分の改装が隣の部屋の内装にどう影響するかを説明するというように。病院施設の描写、グランドキャニオンの地勢に関するプレゼンテーション、美術館や図書館や空港のレイアウトの説明などにも使えるでしょう。

《原因と結果別》 これは、物事がなぜそうなっているのかを説明したいときや、ある問題への視点を提供するときに役立つ方法です。人を説得するときのスピーチによく使われます。聞き手にその案について考えさせ、受け入れさせる準備になるからです。たとえば、海洋石油掘削《くっさく》の危険性について語るなら、次のようなアウトラインが考えられます。

Ⅰ　海洋掘削事故を引き起こす三つの原因
Ⓐ政府による監督の不行届き
Ⓑ機械装置のメンテナンス不足
Ⓒ企業による事故防止手段の失敗

Ⅱ　原油流出が引き起こす二次被害
Ⓐ作業員の死傷
Ⓑ漁業や観光業の経済的損失
Ⓒ環境への打撃

Ⅲ　掘削事故を減らすためになにができるか
Ⓐ国と地方自治体による規制

Ⓑ企業の社会的責任
Ⓒ市民の意見

《問題解決別》これは、行動や思考の変化をうながすのに役立つ方法です。ロジカルですし、聴衆もこの流れに慣れているので非常によく使われます。はじめに問題を定義し、解決策を提案し、どのような行動が聞き手の役に立つかを示します。

➤書き方④ はじめと終わりを輝かせる

スピーチでは、最初に聞いたことがいちばん聴衆の記憶に残ります。その次に記憶に残るのが最後の部分です。オープニングの長さはスピーチ全体の長さによって変わりますが、三〇秒程度でも二、三分でもかまいません。

とはいえ、多くの人にとって、オープニングは最大の難関です。あがったりしてしまうと、変なことを口走ったり、おかしなふるまいをしてしまいがちです。

よくある失敗例は次のとおりです。こうならないよう注意しましょう。

《ジョークを飛ばす》ジョークはウーピー・ゴールドバーグのようなプロに任せましょう。

《余計な説明をする》トイレの場所を教えるのはスタッフの役目です。

《準備不足を認める》準備不足だと言ったとたんに、聞き手が一斉に時計に目をやり、最寄りの出口を探すでしょう

《自信がないと言う》あなたの専門性やリーダーとしての能力を疑う言い訳はやめましょう。

《謝る》あなたが謝ると、緊張や言い間違いや機器の不具合が余計に目立ちます。例外は遅れて到着したときだけです。この場合は心から謙虚に謝りましょう。

《「みなさんも別の場所にいたいと思っていらっしゃるかもしれませんが」と言う》これがたとえ本当でも、口に出してしまうとしらけます。

《主催者の名前を間違える》きちんと名前を書きとめておけば、恥ずかしい思いをしなくてすみます。

《「私がこの原稿を書いたわけではありませんが」と口をすべらせてしまう》そのとおりだとしても、こう言うと、あなたの誠実さや努力を疑われます。

素晴らしいオープニング　いいオープニングとは、ありきたりでなく、ぞんざいでないもの、話のトピックとテーマを創造性豊かに説明するものです。次のような行き届いたオープニングなら、多くの人に賞賛されるでしょう。

《問いかける》五〇回を超える深海探索を行ない、五人の女性学者と海底研究室で二カ月暮らした

という伝説の生物学者シルビア・アールは、最先端のマルチメディアを使ったプレゼンテーションで、聴衆を深海の世界に引き込みます。

五〇年前、私が海底探検を始めたころ、ジャック・ペランも、ジャック・イヴ・クストーも、レイチェル・カーソンも、だれも私たち人間が生み出す廃棄物が海を傷つけるなどとは想像していませんでした。私たちが海から獲るものについてもそうです。当時、海はエデンの園でしたが、いまでは失われた楽園だということを私たちは知っています。

今日は、私たち全員が影響を受ける海の変化について私がどう思っているかをお伝えしたいと思います。そして、この五〇年で私たちが失ったものがなぜ重要なのかを考えてみたいと思います。実際、私たちは海にいる大型魚の九割以上を捕獲し、食べてきたのです。サンゴ礁のほぼ半分が消えてしまったことが、どうして重要なのでしょう？　太平洋の広い領域でなぜか酸素が枯渇してしまったことを、そこに住む生き物だけでなく、なぜ私たち全員が気にかける必要があるのでしょう？

《尊敬される人物の言葉を引用する》市民権運動家のメアリー・マクロード・ベスーンは、黒人学生を教育する学校をつくった教師でり、フランクリン・ルーズベルト大統領のアドバイザーでもありました。一九三三年、彼女はシカゴ女性協会で黒人女性の成果を祝ったスピーチで、次のように

語りました。

フレデリック・ダグラスは、こんな名言を残しています。「黒人は、立ち上がった高さではなく、這い上がってきた深さによって判断されるべきである」。この基準で判断すると、黒人女性は新世界における現代の奇跡のひとつと言えるでしょう。

《個人的な経験を語る》銃規制の活動家サラ・ブレイディは、一九九六年八月、民主党大会でのスピーチで、聴衆を、彼女の夫とレーガン大統領が暗殺者に襲われた日に引き戻しました。

一五年前、夫のジムは大統領報道官でした。息子のスコットはまだ二歳。私たちの夢はすべて現実になっていました。

ところが三月のあの雨の日の午後、レーガン大統領暗殺未遂事件によって、私たちの夢は閉ざされました。レーガン大統領が撃たれ、私の夫も銃弾に倒れたのです。私たちはジムを失うところでした。大統領をも失いかねませんでした。幸い、シークレットサービスとジョージワシントン病院の医師やスタッフの献身のおかげで、ジムも大統領も一命をとりとめることができました。神様に感謝します。

けれども、私たちの人生がもとに戻ることはありませんでした。その原因はたった一丁の拳銃、

――たった一個の弾丸、そして銃を所有すべきではないひとりの男でした。

《**具体的な例を出す**》一八七二年、スーザン・B・アンソニーは、投票しようとして投獄寸前になり、一〇〇ドルの罰金を課せられました。当時、女性の選挙権はまだ認められていなかったからです。でもアンソニーは、女性差別の法律自体がばかばかしいとして、罰金の支払いを拒否しました。そして次のように語りました。

――友人と国民のみなさん、今夜、私は選挙権なしに前回の大統領選挙に投票しようとしたという罪に問われています。しかし私は、この投票行動でなんの罪も犯していないばかりか、州の権力では否定できない憲法によって、私やすべての国民に与えられた権利を行使しただけであることを証明したいと思います。

《**生き生きとした言葉で語る**》上院議員のバーバラ・ミクルスキーは、賃金差別禁止法を支持する議会スピーチで注目を集めました。

――私は上院の民主党女性議員の代表として、今日この議会で語らせていただきます。議会のみなさんやこれをご覧のすべての方に、私は言いたいのです。私たち女性は怒り心頭に発していますし、もうこれ以上我慢できない、と。この議会であらゆることが議論され、なされていますが、言葉ばかりで行動が伴わないことに、私たちは怒っています。

私たちは今日ここに、民主党の女性として、変化を求める声になるためにやってきました。この議会が終わる前に私たちが起こせる変革のリストがここにあります。いずれも、この国の全体像に関わる問題ですが、同時に、家族にもたらす影響に注目したものでもあります。私たちは、世界に影響を与えるマクロの問題に目を向けると同時に、家族に影響を与える小さな問題にも目を向けているのです。

《共通の絆をユーモアで示す》「私と同じ就職活動中のみなさん……」。ヒューレット・パッカードの元CEO、カーリー・フィオリーナは、ノースカロライナ州立農工大学の卒業生にそう呼びかけました。このスピーチの数カ月前、CEOをクビになっていたからです。

最初にこの卒業式への招待状を受け取ったとき、私は世界一七八カ国に一四万五〇〇〇人の社員を抱え、売上高八〇〇億ドルを誇る大企業のCEOでした。私は六年間その仕事に就いていました。この大学の卒業生も大勢採用してきました。ここの卒業生はすぐに見分けがつきます。みんな机に「打倒イーグルス」というシールを貼っていますからね！

ですが、みなさんもすでにご存じのとおり、私はもうその職にありません。私の解任が発表されたあと、私は大学に連絡し、卒業式のスピーチを遠慮したほうがいいかと訊ねました。すると、レニック学長は、こう言って安心させてくれたのです。「カーリー、以前の君よりもいまの君のほうが、学生たちとの共通点が多いと思うよ」。まさにそのとおりです。私はいま履歴書を書いています。私を推薦してくれる人たちのリストを作っています。面接用の新しいスーツも買いました。もしここに採用担当者がいらっしゃいましたら、一一時ごろには時間が空きますので、よろしくお願いします。

締め：重要ポイントを繰り返す　スピーチが終わったあとで、その部屋にいた人たちにどんなことを話題にしてほしいですか？　そのポイントで締めくくりましょう。結論部で新しい内容を盛り込んではいけません。ここでは主な内容を要約し、テーマを繰り返します。終わりが良ければスピーチ全体が引き締まります。中途半端な終わり方では聞き手に不満が残ります。最悪なのは、なんの結論もない終わり方です。

ある若手ライターは、二〇〇八年の大統領選における女性蔑視について熱く語っていましたが、途中で疲れてしまったのか、感動的な一文を読んで聴衆のほうに目を上げると、疲れた表情でこう言いました。「では、ここまでにしましょう。（間）どうもありがとうございました。（ぎこちない間）質問はありますか？」。結論がないまま終わってしまったので、全員が消化不良になりました。これは悪い例です。結論はかならず準備してください。これは、あなたの話を心に刻んでもらう最後のチャンスなのです。
そのほか、締めくくりの際に押さえておきたいことは、以下のとおりです。

《時間どおりに終わる》聞き手の時間やスケジュールを尊重しましょう。パネルディスカッションで五分与えられたら、五分で収めること。乾杯の挨拶は三〇～九〇秒以内に。仕事のプロジェクトのまとめは二、三分で。大人の集中がもつのは二〇分間ほどです。それを超えないよう心がけましょう。

《合図をおくる》お決まりのフレーズで、聞き手にそろそろ結論に入ることを伝えましょう。「ではここで、あるストーリーをお話して締めくくらせてください」とか、「先ほど言ったことをもう一度強調して終わりにしたいと思います」というように。きちんと合図をおくれば、彼らはあなたの話に集中するはずです。

《主なポイントを要約する》聞き手があなたに注意を向けたところで、彼らの記憶にとどめてほしいことをもう一度繰り返し、最後の瞬間を最大限に活用しましょう。テーマと関係のないような意外な結論は避けます。締めを待っている聞き手を、脱線によって混乱させたり不満にさせてはいけません。

《心に刻み込む》結論が物足りないと、聞き手は消化不良のまま取り残されてしまいます。次に挙げる上級テクニックを使って、力強く説得力のある最後を飾りましょう。

力強い結びにするためのテクニック

《誓いを立てる》メアリー・フィッシャーが「エイズのささやき」と題したスピーチを終えると、一瞬、会場はしんと静まりかえり、次に割れんばかりの拍手が起きました。その瞬間、フィッシャーは共和党大会に集まった群衆の心を揺さぶり、エイズの拡大に見て見ぬふりをしてきたアメリカの自己満足を打ち砕いたのです。それは、離婚歴のある異性愛者の白人女性が、感染者をめぐる沈黙のベールをはぎ取る熱いスピーチを行なった、前代未聞の瞬間でした。

悲しみに沈み、恐れ、痛みに苦しんでいる数百万の仲間たちへ。勇気を持ってください。そうすれば癒しを見つけられるでしょう。

数百万の強い人たちへ。偏見や政治を脇に置いて、共感と健全な政策へいたる道をつくってください。

子どもたちへ。私は誓います。ザカリー、あなたから勇気をもらったから、私は諦めません。あなたのくすくす笑いは私の希望です。あなたのやさしい祈りは私の力です。私がアメリカに「危険ですよ」と伝えるのは、子どもたちのためです。マックス、あなたの世界が安全になるように、私にできることを全部やるまで、私は休みません。親密さが苦しみの前奏にならない場所を、私は探しつづけます。

私は、子どもたちに急いでさよならをするつもりはありません。でも、もし私が逝《い》ってしまったら、子どもたちが恥に苦しむことがないよう祈ります。声のかぎり私は訴えます。歴史と品位を学び、私が召されるときには子どもたちがエイズという言葉を堂々と口にできますように。そうすれば、その子どもたちも、みなさんの子どもたちも、こそこそとささやく必要はなくなるでしょう。

《効果的な質問をする》アイオワ出身の新聞記者で、女性参政権運動家のカーリー・チャップマンは、一九一七年の冬、議会に呼ばれ、女性の選挙権を国中に拡大するよう訴えました。

紳士のみなさま、私たちの代表として選ばれたみなさんに、ここで心からお願いいたします。女性への不平等を是正するため、いますぐ女性参政権を認める修正条項を成立させてください。みなさまの力で、ご出身の州でこれが批准《ひじゅん》されますよう、お力添えをください。この国の女性が次の大統領選挙の前に政治的な自由を与えられ、わが国が世界のなかでふたたび民主主義のリーダーシップを発揮できますよう、お助けください。

女性参政権の実現は、すぐそこまで来ています。みなさんもおわかりになるでしょう。栄誉ある上院議員のみなさま、そして、下院議員のみなさま、私たちの味方になってくださいますか？それとも敵になりますか？

《個人的な話をする》二〇〇八年六月、ハリー・ポッターシリーズで世界的に有名な作家J・K・ローリングは、ハーバード大学での卒業生へのスピーチを、個人的な話で締めくくりました。

あともう少しで私の話は終わりです。最後にみなさんへ希望したいことがあります。それは私が二一歳のときに持っていたものです。

卒業式をともにした友人は、私の一生の友になりました。彼らは私の子どもたちの名づけ親になってくれ、つらいときに頼らせてくれ、デスイーターに彼らの名前をつけたときにも、私を訴えないでいてくれました。卒業式に私たちは強い愛情で、もう二度とやってこない共通の経験で結ばれました。もちろん、このなかのだれかが首相に立候補したら若いころの写真に価値が出る、なんていう下心もあったかもしれません。

今日、私はみなさんに同じような友情が育まれることを心から願っています。明日、たとえ私の言葉をひとつも覚えていなかったとしても、古代ローマの哲学者セネカのこの言葉は覚えていてください。私が就職戦線から逃避して、古代の知恵を探しに古典の勉強に逃げ込んだときに出会った言葉です。「物語と人生は同じだ。大切なのは、どれだけ長いかではなく、どれだけ良いかである」

みなさんの良き人生をお祈りしています。

《行動を求める》二〇一〇年九月、女優のメリルストリープは、資金集めのパーティで「まだ実現されていないアイデア：私たちが見て、触れて、感じられるような国立女性歴史博物館」と題したスピーチを行ないました。このとき、シンボルの大切さを語り、アメリカ女性の豊かな歴史を保存する建物の必要性を訴えたストリープは、まずはじめに、自分が一〇〇万ドルの寄付を誓うというサプライズで聴衆を沸かせました。そして、その会場にいる全員がすべきことを簡潔にまとめて、スピーチを締めくくりました。

今夜、私たちに必要なのは二つのことです。議会の承認と、みなさんからのご寄付です。議会の承認は得られるはずです。この博物館建設に待ったをかけた二人の上院議員が、アメリカ女性と戦争をするほどの勇気があるとは思えませんから。

もう一方の建設のための寄付もいただけるでしょう。これも間違いないと思っています。私には計画があるんです。ここにいる五〇〇人全員がそれぞれ五〇人の仲間を呼び込んで（クリスマスカードの送付リストよりも少ないでしょう?）、毎週二〇ドル、つまり一日三ドルのコーヒー代にもならないお金を寄付していただくのです。それを一〇年間続けたら、二億五〇〇〇万ドルになります。一〇億ドルの四分の一を超える金額になるんです。

（成功への道⑦：いつか、自分の言葉が音楽になる）

私はこの二〇年間、四年に一度の民主党大会のたびに、スピーカーへのアドバイスをしてきました。数百万のテレビ視聴者に語りかける大会が始まる直前には、すべての登壇者がステージ脇のリハーサル室で練習し、きちんと通し練習を終えます。大会を支えるのは大人数の制作クルーと一〇数名のスピーチライターです。テレプロンプターに次々と原稿を写し出しながら、指名候補者、セレブリティ、党の要人などが一貫した党のメッセージを打ち出せるようにするのです。

党大会は一見華やかに見えますが、裏方の仕事はきつく、時間は長く、環境も劣悪です（汗臭い靴下の鼻につく臭いは、不快以外のなにものでもありません）。

二〇〇四年の大会ではマヤ・アンジェロウが登壇し、市民権運動家のファニー・ルー・ヘイマーを追悼するスピーチを行ないました。その日のアンジェロウは、目を見張るような黒いレースのイブニングドレスに身を包んでいました。私はその存在感と、堂々とした声や文章に圧倒されました。私だけではありません。スピーチが終わりに近づくと全員が総立ちになって、故人のために歌を歌いながら身体を揺らしていました。それは市民権運動の象徴となった「私の小さな光」という歌で、アンジェロウが聴衆を導いたのです。

説教者、歌手、ブルースシンガー、ジャズシンガー、ラップシンガーに私は心を惹きつけられ、催眠術にかけられ、喜びを感じます。私は詩人として、いつも音楽を追いかけています。もし音楽をとらえ、その真髄をとらえることができれば、多くの人の耳をとらえることができるのです。

――――

アンジェロウは、言葉の力で壁を打ち破りました。波瀾万丈の人生経験を、恐れることなく自分の糧にしたのです。彼女は箇条書きもスライドも排除し、大胆にそれらを超えていきました。あなたも、お気に入りの作家や歌手やパフォーマーの言葉から、たくさんのインスピレーションを得てください。

偉大な作家の偉大な言葉を味わうことで、人前で話す能力は確実に強化されるはずです。

Ⅳ いざ、上級編

8章 画面越しで美しく話す

カメラは生き物です。私はカメラとたわむれ、カメラを楽しみます。
——スーズ・オーマン

家計コンサルタントのスーズ・オーマンは、テレビカメラに愛されるために努力を重ねています。自分の番組を成功させるまでには、さまざまな試行錯誤がありました。その練習場となったのは、ケーブルテレビの人気通販チャンネル、ＱＶＣでした。ＱＶＣが、観客のいる初めての生番組に彼女を起用したのです。

初のテレビ出演の日、オーマンがスタジオに到着すると、現場は混乱していました。彼女は、自分の著書『あなたの稼ぎは努力の賜物。しっかりと離さないで』を読んで宝くじを当てたという読者とともに登場することになっていたのですが、その読者がなんとギャンブル場で一夜を過ごし、二日酔いでふらふらになっていたのです。その場でただ一人のプロだった番組の司会者も、アクシデントで気が動転していました。

番組が始まっても、司会者は緊張でほとんど話せず、宝くじの当選者は二日酔いでボロボロでした。ディレクターが司会者に「何か言え！」と叫んでいる声が、イヤフォンを通してオーマンにも聞こえましたが、司会者は口を開けず、スタジオは静まり返ったままでした。ついに、オーマンは腹をくくりました。それからの一時間、番組を進行したのは彼女でした。初の生番組で、オーマンは早くもカメラに好かれる技を学んだのです。

この章では、テレビでもウェブでも、自分らしく話せるようになるテクニックをご紹介します。あなたは、いつカメラをまっすぐに見つめたらいいか知っていますか？　テレビ用のメイクができますか？　そのスーツで大丈夫でしょうか？

カメラの前でも自分らしくあるためには、それなりの訓練とノウハウが必要です。聴衆の前でうまくいくことでも、テレビのモニターやコンピュータのスクリーンを通したときにうまくいくとはかぎりません。話し方やメッセージの伝え方、服装にも工夫を要します。それらによって、カメラ映えは大きく変わります。

見た人に好感を持たれるには？

「スタート！」。ふつうの人はこの合図を聞くと汗が出たりどもったりするものです。でもオーマンは違います。彼女は、数百万という視聴者を自分のトークショーや通販番組に引きつけています。

スーズ・オーマン
Suze Orman

オーマンは、ファンをとても大切にしています。というのも、彼女自身がかつて視聴者と同じ境遇にあり、お金の落とし穴から這い上がってきたからです。ウエイトレスだったオーマンは、アナウンサーのように声がいいわけでもなければ、ニュースキャスターのような冷静さを持ちあわせているわけでもありません。でも彼女はいつも愛情を込めて、視聴者のお金の相談に乗っています。なによりも、オーマンは人生でいちばん難しいことのひとつを、カメラの前でやってのけます。それは「自分らしくある」ということです。だれかが私を別の人格に仕立てることを許さなかった、と彼女は言っています。彼女は自分の力でなりたい自分になりました。だからこそ、ずばぬけて好感を持たれているのです。

➤好かれる女性のタイプ

カメラの前では好感度がすべてです。テレビのニュース番組のディレクターは、キャスターのオーディションテープを見るときに音を小さくするといいます。あたたかく、親しみやすい雰囲気をかもしだしているかどうかをチェックするためです。緊張感のある傲慢な感じの人は、朝夕の番組で視聴者を引きつけることができません。視聴者は、心地よく感じる人が登場している番組でチャンネルを止めます。この人気コンテストに勝つのは、元気よく積極的に話し、視聴者が共感するような生き生きとしたメッセージを伝えられる人なのです。

女性の社会進出を後押しするバーバラ・リー家族財団の調査では、権力の座を目指す女性は好感度と信頼度の両方を証明しなければならない、という結果が出ています。事実、女性の州知事候補は、仕事ができることを証明するだけでは不十分で、同時にプライベートも充実していることをアピールします。男性の場合、仕事ができる人物だと見られれば、たいていは認められます。でも女性は、完璧すぎたり頭が良すぎたり強すぎたりすると、なぜかあまり受けがよくありません。

カメラの前で使えるテクニック

カメラを通すと、あなたの立ち居ふるまいや姿は、思いがけなく変わって見えます。ベブ・パーデュー知事は、ある小さな町で遊説したとき、近づいてきた年配の女性に、「手をさわってもいいかしら?」と訊かれました。妙だと思いながらも差し出すと、女性はその手をつかんで自分のほうにぐいっと引き寄せ、パーデューの目をのぞき込んでこう言ったのです。「テレビで見るほど老けてないし、太ってもいないわね」

私はこの話を、実業界や政界で活躍する女性たちの会でしてみました。長い一日のセミナーの終わりに、少し笑いを誘うつもりでした。でも、参加者たちは笑うどころか、全員がハッと息を飲んだのです。だれもがパーデューの身になって、ぎこちない微笑みを浮かべながら耐えている自分を想像していました。女性のリーダーは、これまでも外見や服装を批判されてきましたが、いつでもどこでも画像がとらえられるようになったいま、人々の目はますます厳しくなっています。

一般に、テレビに映るとだれでも実際より大きく見えます。オーマンは人に会うといつも、小柄だと驚かれるそうです。また、カメラの前に座ると、幅広レンズのために実際より五〜六キロほど太って見えます。いわゆる「マンピング」効果です。

SHAPE UP

Smile：笑顔
Hands：手
Animated voice：生き生きした声
Posture：姿勢
Eye contact：アイコンタクト
Upper-body movement：上半身の動き
Purposeful Practice：目的を持った練習

とはいえ、いくつかのテクニックを知っていれば、それらを最小限に抑えることができます。女優式ダイエットやブートキャンプをしなくても、カメラの前ですっきりとした自分を見せられるのです。主なテクニックは七つあります。私はそれぞれの頭文字をとって、上表のとおり、これを「SHAPE UP《シェイプアップ》」と名づけました。

どれも好感度を上げる助けになり、あなたらしい姿を見せるのに役立つテクニックです。これらを駆使して、テレビやビデオブログやユーチューブ、ウェブキャストなどに備えましょう。

▶テクニック① 笑顔

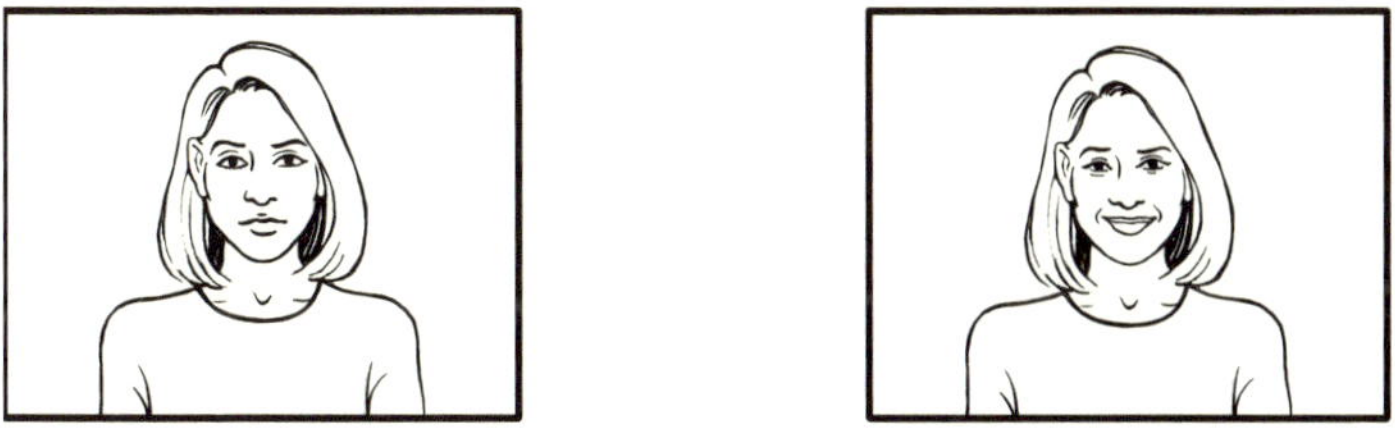

カメラに向かうときの笑顔

カメラの前では、やりすぎだと思うくらいの笑顔にならなければいけません。プロは笑顔を絶やしません。カメラでは表情がわかりにくくなるため、豊かな表情が欠かせないのです。ふだんの表情だと、退屈そうに見えたり、ぶすっとしているように見えます。真剣な顔は、しかめっ面か怒っているように見えます。つねに笑っているなんて不自然だと思うかもしれません。深刻な話のときにはとくにそうでしょうが、テレビでの笑顔は実物ほど強調されず、自信や熱意や共感を写し出してくれることを忘れないでください。

どのくらいニコニコすべきかは、あなたの頭の形と顔の骨格によって変わります。どの程度がちょうどいいかは、カメラに向かって練習し、テープを見直して決めるしかありません。本物の笑顔は、脳から伝わって目の輝きに現れます。目だけの笑いは伝わりません。ハッピーになること、い

カメラに向かうときの手の動き

い知らせを聞いたときのことなどを思い浮かべて、自然な笑顔を呼び起こしましょう。口を閉じたままの笑いは、皮肉に見えるのでやめること。

➤テクニック② 手

手を使ったジェスチャーは、大切なポイントを強調するのに使えます。それに余分なエネルギーを発散するので、リラックスもできます。

手を動かす位置　カメラの前で手を動かすときには、上図のBのように、胸の上あたりに四角い箱を想像して、その範囲内におさめます。箱の位置はあごより下でブラトップより上、幅は両肩の間です（医師はこの位置を「スクラブゾーン」と呼びます。手術前に手を洗ったあと、かならず胸の上に手を持ってくるからです）。

片手でも両手でも、動かすのはこの箱の中です。

ここから出ると、テレビ画面からはみ出してしまいます。テレビ画面に映るのは、頭のてっぺんから胸のトップまで。画面から手が出たり入ったりしていると、視聴者の気が散ってしまいます。カメラのほうに手を伸ばすのもいけません。実際より大きな手に見えてしまいます。手は胸から一五センチほど離しておくとちょうどいいでしょう。ふだんの会話のときよりも、身体に近い感じがするかもしれませんが、何度か練習すれば慣れるはずです。

手を置く位置 動かしていないときの手は、指をそろえて、それぞれの足の中ほどに置くか、片方のもものあたりに重ねて置きます。どちらも視聴者の邪魔にならない位置です。ひじかけを握ってはいけません。電気椅子に縛りつけられているように見えます。ひじかけにひじをつくのもやめましょう。姿勢が悪くなってしまいます。

➤テクニック③ 声

声はいつもと同じで大丈夫です。マイクが拾ってくれるので、演劇のように張り上げる必要はありません。とはいえ、平坦な声だと視聴者が聞き流してしまい、話が頭に残りません。アナウンサーやニュースキャスターの訓練された声を聞いて、どんな声が心地よいかを自分で感じてみてください。リズムとイントネーション、抑揚とペースにも気をつけましょう。声に魅力を持たせる方法については、3章で紹介したとおりです。声を活かすテクニックは、カメラの前でも実際の人の前でも大切です。速さ、声の高さ、間、発音、発声に気をつけます。

▼テクニック④ 姿勢

座り方次第で、太って見えるかどうかが決まります。細く見え、視聴者に訴えているように見えるためには、正しい姿勢が求められます。背中を伸ばして、少し前のめり気味に座ります。椅子やソファの背に寄りかかったり、前かがみになったりしてはいけません。椅子に浅く腰かけると、だらしなく、横幅が広く見えてしまいます。

まっすぐに背中を伸ばし、腰からカメラのほうに数センチ前のめりぎみに上半身を傾ければ、熱

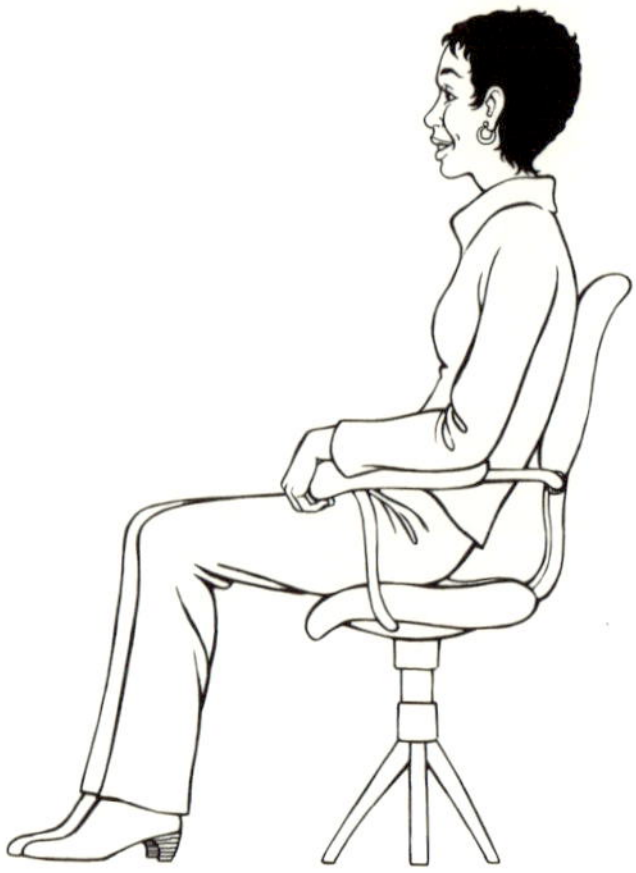

悪い座り方

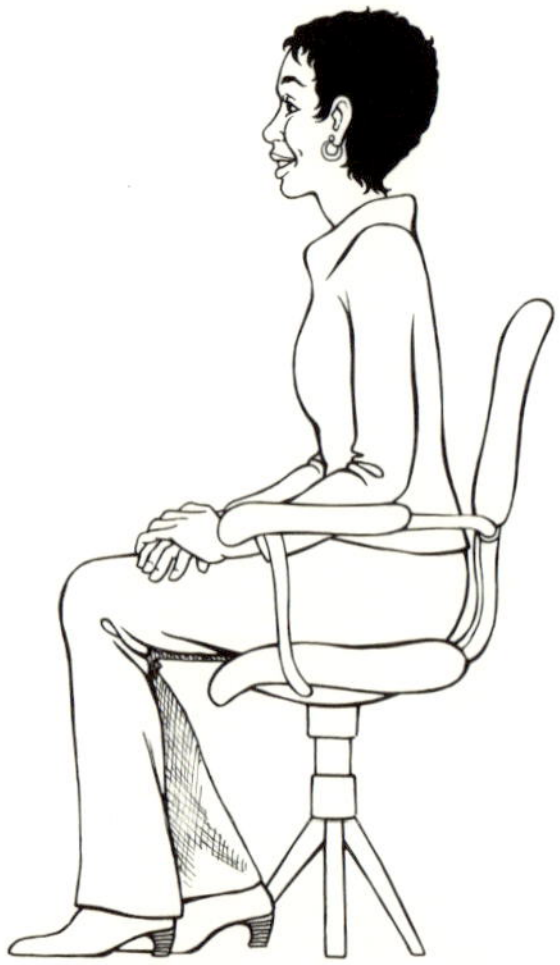

良い座り方

心そうに見えますし、会話モードに入れます。身体を前に傾けるときには、肩を後ろに少し落とすのがポイントです。

座っているときの足の置き方は三種類あり、背の高さ、服装、椅子の種類によって変わります。背が高く、パンツ姿の場合には、スタート前のランナーのように、片方の足を少し前に出します。そうすると上半身が少し前に傾き、姿勢が良くなります。ワンピースやスカートの場合には、上品に足を組みます。同時に背筋を伸ばし、身体を少し前に傾けましょう。ただし、足を組むと姿勢が悪くなりやすいので注意してください。

背が低い人や、丈の短いワンピースやスカートを着ている場合には、足首を交差させて椅子の下にまっすぐに足を収めます。こうすると足の露出が少なくなり、太ももがスカートに隠れます。椅子やソファが柔らかい場合にも、この姿勢が心地いいはずです。背筋を伸ばし、ソファの端に座れば、フレームが体重を支えてくれます。これならクッションに沈むこともありません。

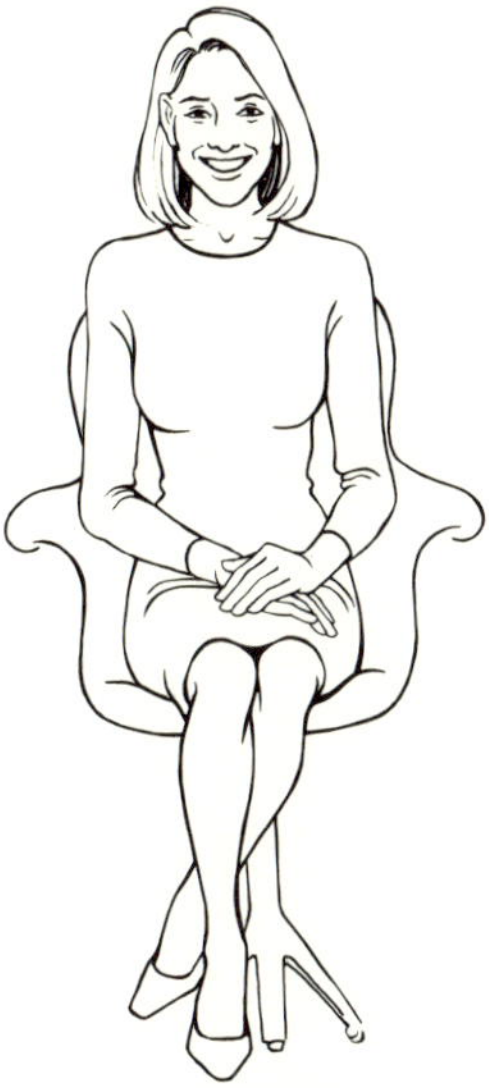

前から見た姿勢の例

立ち姿　インタビューなどで立って話す場合は、足を横に平行に開かないようにします。身体が

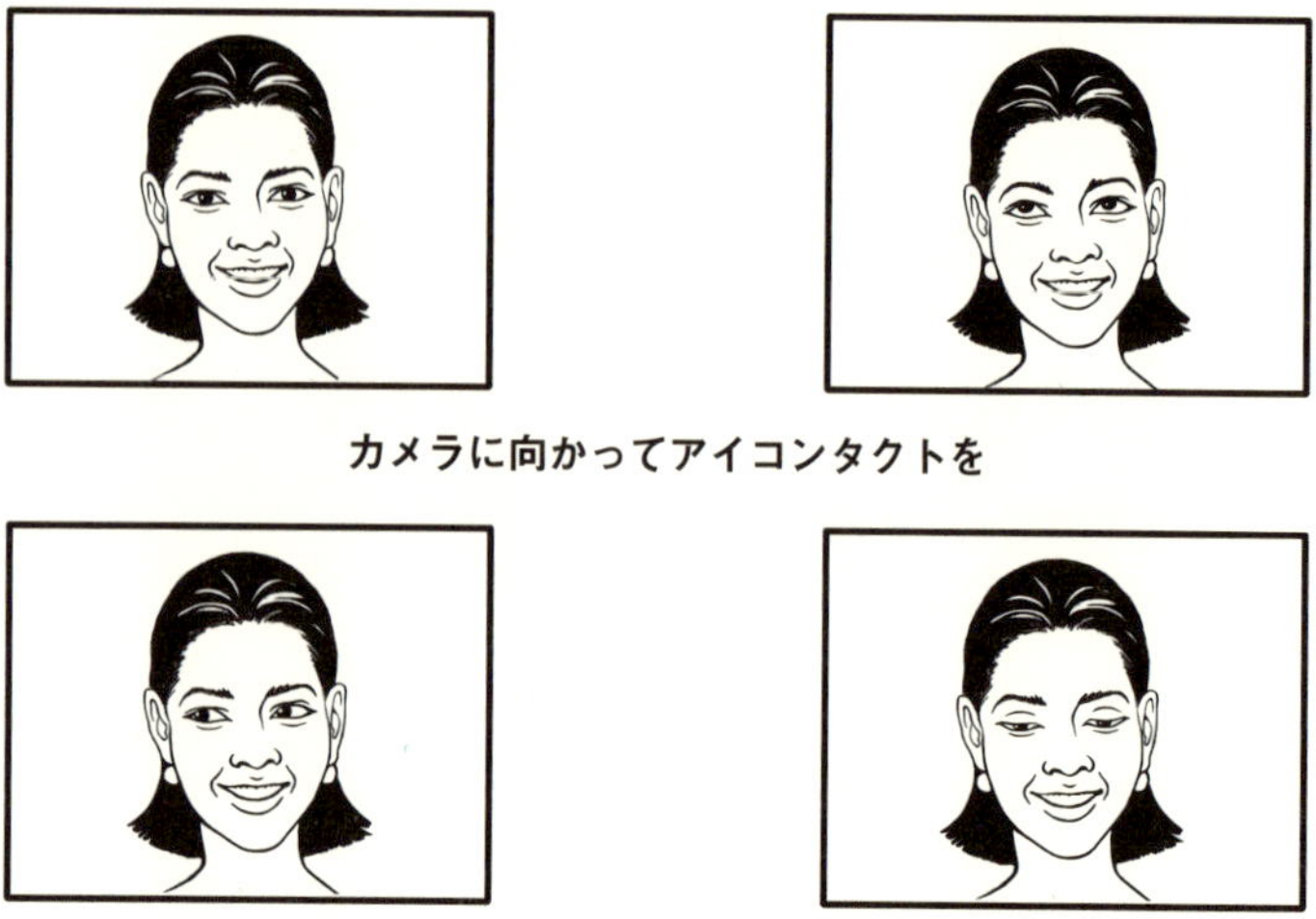

カメラに向かってアイコンタクトを

前後に揺れてしまうからです。4章で紹介したチャンピオンスタンスを思い出してください。この姿勢なら、見栄えも立ちやすさも改善されるはずです。片方の足を前に出すことで、自然に身体がカメラのほうに傾き、視聴者とのつながりも生まれます。

➤テクニック⑤ アイコンタクト

アイコンタクトは、カメラの前でももっとも大事なテクニックです。目線をどこに向けるかは、そのときの状況によって変わります。インタビューに答えるのなら、相手の目をしっかりと見ます。レポーターの顔の一点を見て、話しているあいだは目をそらしてはいけません。そらしたとたんに、その動きが強調されて、あなたの信頼度が落ちてしまいます。また、目線を上げてしまうと天を仰いで答えを探しているように見えますし、左右に目をやると落ち着きがないように思われます。何度も目線を下げていると、自信がないように見えます。視聴者からの信頼は、しっかりと一点を見つめつづけることで得られるのです。レポーターの目でもイヤリングやネクタイの結び目でもかまいません。顔のあたりをしっかりと見つづけましょう。

衛星インタビューとウェブキャスト　ウェブや衛星を通したインタビューの場合、あなたはひとりでカメラに向いていて観客はいません。また、衛星を通じて質問を受けるときは、IFBと呼ばれるイヤフォンをつけるはずです。このイヤフォンから、質問やディレクターの声が聞こえます。このときあなたは、カメラの真ん中をまっすぐに見つめてください。ここでもしっかりとしたアイコンタクトを維持します。まわりをきょろきょろ見まわしたりしてはいけません。

私のクライアントのなかには、練習テープを見直して、まばたきの多さに気づく人がいます。通常、テレビ出演者のまばたきの回数は一分間に三一〜五〇回といわれていますが、緊張していると、一二五回以上にもなるそうです。まばたきで緊張の度合いがわかるという神経学者もいます。とはいえ、無理にまばたきをしないのはもっと変、というか不自然です。

➤テクニック⑥　上半身

多くの人は身体をまったく動かしません。どう動かしていいかわからないし、ミスをしたくないからです。また、不安で緊張していると、身体は固まってしまうものです。でも、動きがないとガチガチに見えますし、居心地も悪そうに見えます。ふつうに話しているとき、ほとんどの人はうなずいたり、肩をすくめたりしています。それと同じように、話しながら上半身を動かしましょう。左右に揺れたり、首だけを動かすのではなく、ときどきうなずくように頭を前に傾けてください。すると自然な会話に見えます。肩をリラックスさせて軽く落として、強調したいときにちょっと上げるのもいいでしょう。さらに、腰から上半身を前後に動かせば、熱心に会話をしているように見えます。

➤テクニック⑦ 正しい目的のもとの練習

「なりゆきに任せてみるわ」。練習の大切さをわかっていない話し手は、まわりをはらはらさせるものです。私のクライアントには、カメラ練習をキャンセルしたり、練習に遅れてきたりして、なんとしてでも練習を避けようとする人もいますが、練習に勝るものはありません。あなたにどんな改善が必要かは、カメラが教えてくれます。練習の録画を客観的に見直してください。ただし、体重が増えたとか、あごがたるんでいるといったことを気にしすぎてはいけません。とくに自分を卑下しがちな人は要注意です。最初からカメラの前で完璧でいられることなど、だれも期待していません。練習の目的は、あくまで「カメラを忘れて、あなたらしくあること」です。

➤練習、見直し、改善

ＳＨＡＰＥ ＵＰのテクニックを使った練習を見直すと、最初は自分がロボットのようだと感じる人がいます。でも、あなたにとって慣れないことや心地悪いことが、視聴者にとってもそうとはかぎりません。上半身の動き、表情、声の抑揚は、あなたをより熱心に見せます。いつも自信たっぷりで落ち着いている、経験豊富なニュースキャスターも、「ＳＨＡＰＥ ＵＰ」を駆使しています。そのうちにあなたも、新しい姿勢や動きを身体で覚えていくでしょう。

「好感度の女王」になるコツ

オーマンから目が離せないのは、テレビ界ではめずらしい彼女のサクセスストーリーのせいでもあります。子ども時代のオーマンは自信を持てず、学校の成績もよくありませんでした。また、言語障害のせいで子音がうまく発音できず、小学校では音読が拷問のように感じられたといいます。その学力では将来にあまり希望が持てないと言われ、大学では社会福祉を専攻しました。そして、一九七三年にカリフォルニアに移り、六年間はカフェでウェイトレスをして生計を立てました。

そのウェイトレス時代に、オーマンは貯めたお金をメリルリンチの証券ブローカーに預け、安全に投資してくれるよう頼みます。ところが、そのブローカーが指示に従わなかったせいで、全額が泡と消えてしまいました。怒り狂ったオーマンは、メリルリンチの採用に応募します。どう考えても自分のほうがマシだと思ったからです。まもなく、彼女は自分の金融の才能に目覚め、七年間投資について学んだあと、ファイナンシャル・プランニングの会社を興します。すると、ここでまた災難にあいます。社員の一人が会社の資産をすべて持ち逃げしたのです。その後三年間、彼女は失ったお金を取り戻すために苦労を重ねました。

そうした失敗はありながらも、オーマンは一九八〇年代のはじめにはそれなりの金持ちになりました。でも彼女は、なにかが欠けていると思い、アジアへ旅に出ます。そしてその旅で、人生の意味や、人生におけるお金の役割を改めて見つめ直し、「なにを持っているかではなく、何者であるかに価値がある」という考えにいたるのです。

彼女の哲学を盛り込んだ本は、どれも人気を呼びました。その成功によってテレビに招かれたことは、前述したとおりです。QVCはさらに、深夜枠の番組を彼女に持たせました。まもなく、オプラ・ウィンフリーの番組や『ラリー・キングライブ』にも、ゲスト出演するようになりました。

「カメラは真実も嘘も拡大する」、そう語るオーマンは、自分以外の何者かになろうとしたら、テレビでは大失敗すると知っています。カメラはその人が何者かを正直すぎるほど映し出します。『スーズ・オーマン・ショー』の「それを買ってもいいですか？」という人気コーナーでは、視聴者が電話をかけてきて、欲しいものを買っていいかどうかオーマンに許可を求めます。六万ドルのフェラーリを「投資」として買いたいと言う中年男性に、彼女は目を白黒させてすぐさま叫びました。「ありえない！」。その男性には、ローンを返すまともな計画がありませんでした。四九歳の母親が七〇〇〇ドルで脂肪除去手術を受けたいと言ったときにも、同じ理由ですぐ却下しました。ただし、このときにはユーモアを交えて美容整形をやめるよう説得し、退職後の備えについてやさしく説いて納得させました。

過去にお金に苦労してきたからこそ、オーマンはだれにでも信頼されます。彼女が挫折を知らなかったら、「視聴者メッタ切り」は受け入れられなかったでしょう。

▼コツ① 誤解を避ける

小さな画面のなかでは、感情表現が曲解されがちです。緊張していると熱すぎに見えたり、あっさりしていると冷たく見えたりします。

大統領候補のハワード・ディーンは、大切な選挙区を落としたあと、ホテルの宴会場に集まった支援者たちの気持ちを盛りあげ、奮い立たせようと大声で叫びました。ところが、それがテレビで放映されると、視聴者は興ざめしました。大統領選から脱落して半年後、民主党大会で、その一件以来初めて全国に向けてスピーチをすることになったハワードが、練習にやってきました。どんな心境でいるのかと私は不安でしたが、リハーサル室に入ってきた彼は、きらきらとした目で周囲を見まわすと、こう言いました。「心配しなくて大丈夫。叫ばないから」。このときは心底ほっとしました。

ボディランゲージや声のテクニックのなかには、カメラの前では役立たないものも多くあります。次のようなジェスチャー、表情、姿勢、声には注意しましょう。

●まゆをひそめると、しかめっ面に見えます。
●手を叩いていると、落ち着きがなく見えます。
●頭を振ったり、身体を揺らしたりすると、間が抜けているように見えます。
●抑揚のない単調な声は、退屈に聞こえます。
●早口でポンポンと話していると、せわしなく聞こえます。
●アイコンタクトが弱いと、気が散っているか、自信がないように見えます。
●姿勢が固まっていると、歯医者の椅子に座っている患者のように見えます。
●リラックスしすぎると、だらしなく見えます。
●身体が後ろに反っていると、偉そうに見えます。
●声が高いと、興奮しているように聞こえます。

➤コツ② 共感を引き寄せる

オーマンは、一般大衆の財布を健全に保つために助言をしています。ウォール街の天才たちは市場の複雑さを説きますが、オーマンは数字をやさしくひも解き、どんな人でも自分のお金を管理できるように教えてくれます。

彼女はまた、シンプルであることが富につながると説き、これを呪文のように繰り返しています。「だから、いつも言ってるでしょ」「私の番組見てないの？」などと視聴者に言いながら、「クレジットカードで借金をするな」「収入の範囲内で生活すること」といったフレーズや、「お金にお世話してもらいたいなら、まずあなたがお金をお世話しなさい」という彼女の哲学を、視聴者の心に刻んでいるのです。オーマンのメッセージは明快です。現実の生活に基づいたシンプルなメッセージは共感を生み、しっかりと視聴者の心に届いています。

▶コツ③ 正しい準備と心得を知る

仮に大変な幸運に恵まれて、あるテレビ番組があなたの活躍を紹介するためにゲストに呼んでくれたとしましょう。興奮がおさまったあと、パニックになってはいけません。空まわりしないためには方程式があります。

スタジオ出演で成功するのは、ディナーの席で良い招待客になるのと同じです。まず、決められた時間にその場に合った服装で到着します。それから、しゃべりすぎは禁物です。朝の人気番組『トゥデイ・ショー』では、長々としゃべるゲストの話は二〇秒以内にさえぎられます。相手と楽しくやりとりして、面白おかしいストーリーを披露しましょう。テレビのプロデューサーは、夕食会の主催者と同じように、観客が楽しんでくれたら成功したと考えます。

まずは入念な下調べを　ラリー・キングと彼のトレードマークのサスペンダーは、二〇年にわたってCNNに視聴者を惹きつけてきました。有名ゲストがこぞって彼の番組に出たがり、「セレブリティでいるのはどんな気分ですか？」といった質問を期待してきました。あなたも、なにかの番組に呼ばれることがあるかもしれません。そのときは、それがどんな種類の番組かをきちんと把握することです。相手は愛想のいい司会者でしょうか？　それとも厳しい質問であなたを責めたてるでしょうか？　じっくりと会話をする時間はあるでしょうか？　それとも中断が入るでしょうか？司会者の目的はなんでしょう？　あなたが意見を言う公平な機会は与えられるでしょうか？……

その番組になじみがない場合には、前もって何回か見ておくのが鉄則です。どんな感じかがわかっているだけで不安は半減します。それから、収録の前に番組スタッフから電話がかかってきたら、それはオーディションの代わりですから出し惜しみせず、いまが本番だと考えて最高の自分を見せましょう。

さらに、あなたのほうからも次のような質問をするといいでしょう。

●生放送か録画か？
●トピックはなにか？　どの角度から訊ねられるかをはっきりさせます。もし答えがはっきりしない場合は、出演を考え直したほうがいいかもしれません。
●ほかにもゲストはいるか？　いる場合、全員同じ時間に出演するのか？　それとも順番に出演するのか？　ゲストが複数の場合は、つねに最初に発言し、あなたが議論の枠組みを作り、ほかのゲストがそれに応えるようにします。

●どんな質問をされるのか？　できるだけ具体的に聞きましょう。

テレビ局によって違いはありますが、許可してくれる場合は、早目に到着してセットを見学しておきます。出番を待つステージ脇で順番が来るまで待たされることもあります。その時間も有効に使って、心と身体の準備をしましょう。

生番組で待っているあいだにすることを挙げておきます。

●クルーに挨拶をする。スタジオのスタッフ、カメラマン、音響担当者たちは、最高のあなたを見せるのを助けてくれます。
●事前にインタビューの場所を見ておく。
●鏡の前に立って、服装、髪型、歯やメイクの最終チェックをする。
●常温の水か温かいお茶を飲んで、声帯をリラックスさせる。
●深呼吸とリラクゼーションのエクササイズをする。
●司会者に紹介されたら、親しみを込めた笑顔を見せつつ、力強く自信に満ちた第一印象を心がける。続いて、感謝の言葉を述べる。

インタビューが始まったら、いちばん大切なメッセージから話しはじめるのがコツです。レポーターはあなたの心が読めるわけではありません。質問がくるまで待つ必要はないのです。待っていてもこないことも多いのですから。また、答えは短くシンプルに。専門用語を避けて、わかりやすい言葉やフレーズを使うよう心がけましょう。

油断大敵　カーリー・フィオリーナは上院選の最中に、バーバラ・ボクサー上院議員の髪型をバカにした声をマイクに拾われてしまいました。テレビスタジオでの準備中に、セットに座ったフィオリーナは、「ねえ、あの髪型見た？　なんて古臭いの」と口走ってしまったのです。ステージ脇のだれかが音が入っていると合図をおくったところで、彼女の笑い声は突然切れました。

インタビューのために椅子に腰を下ろした瞬間からスタジオを出るまで、気を抜いてはいけません。そのあいだずっと、すべての言葉が生放送されているつもりで行動してください。トークショーなどでは、話している人だけでなく、ほかのゲストのリアクションにカメラが向けられることもあります。目をぐるりとまわしたり、苦虫をかみつぶしたような顔で頭を振ったりしないように注意しましょう。会話に入りたいときや、だれかの発言に賛成できないときには、ゆっくり三〜四秒ほどかけて頭を前後に動かせばいいのです。これで、会話に入りたいという合図になります。司会者があなたの頭の動きに気づいたら、コメントを求めてくれるでしょう。

▶コツ④　カメラ映えする服装をする

スーズ・オーマンのトレードマークは、派手な革のジャケット、日に焼けた肌とホワイトブロンドのハイライトの入った髪、そして大ぶりのアクセサリーです。服の色は黄色かオレンジか紫色、そうでないときはアニマルプリントです。彼女の個性と同じように、その服装はいやでも記憶に残ります。広報担当者は、写真撮影のときにいつも彼女が着ないような服を勧めるそうですが、オーマンは自分らしい服しか着ません。他人がどう思おうと気にかけない。すでに認められた人物として、オーマンはなにを着ても許されるのです。

あなたも自分の番組を持つようになれば同じです。でも、それまではシンプルなルールに従って、カメラ映りをよくしましょう。やり方によっては気になる部分も隠せます。いちばん痩せて見えるのは、仕立てのいい暗めの色の上下です。これから買うならこの組み合わせで。副大統領候補だったサラ・ペイリンは、服飾費が高額すぎると批判されましたが、もし彼女の見栄えが悪かったら、それはそれで批判されていたはずです。

以下、カメラ映りをよくする一〇のポイントを覚えておきましょう。

①流行遅れでない、スカートまたはパンツのビジネススーツ。もしくは長袖のワンピース、あるいはワンピースと対のジャケット。
②身体に合った仕立てのいい服。そうでないとだらしなく太って見えます。
③厚手でしっかりした生地。ウール、麻、木綿がほどよくブレンドされたものがベスト。セー

ターとカーディガンのセットのような上品なスタイルをめざしましょう。
④はっきりとした明るい色が基本ルール。ターコイズ、赤、深いピンクや紫など。自分の肌を引き立てる色を選んでください。
⑤スタジオの背景を考慮した色の服。明るい色のセットでインテリアがベージュ系なら、暗い色のほうが映えます。セットに物がたくさん置いてある場合も、暗い色のほうが目立ちます。
⑥ジャケットの下に明るい色のブラウス。クリーム色やパステル色のインナーなら、視聴者の目はあなたの顔に引きつけられます。
⑦長袖。半袖よりもプロらしく見えます。
⑧パールやビーズの光らないアクセサリー。きらきらと輝く金属は照明が反射してしまいます。
⑨眼鏡はふちなしか明るい色のフレーム。レンズは光を反射しないコーティングしたものが好ましいでしょう。
⑩HDTV用のメイク（後述）。

肌のきめ　HDカメラはほんの小さな汗つぶも映し出し、人の肌もそのままクローズアップしてしまいます。シミが目立ち、毛穴は開き、皺は深まり、テカリは脂ぎって見えます。
昨今の番組のほとんどがHDで放送される以上、メイクは欠かせません。といっても、ハリウッド女優のようにきらびやかに飾るのではなく、自然に見えるようにするのです。どんな肌の人も、コンシーラーを使って目の下のくまや肌荒れを隠してください。ファンデーションはケーキやパウダーではなく、リキッドを使いましょう。そのほうが肌のきめが細かく見え、皺も目立ちません。パウダーを使って額と鼻のテカリも抑えます。口紅もかならず塗りましょう。明るめのマットな色を選ぶのがテレビ栄えするコツです。

髪型　大統領選の期間中、ヒラリー・クリントンの輝く髪を保っていたのは、スタイリストのイザベル・ゲーテです。イザベルいわく、カメラを通すと髪は実際より暗くぼさぼさに見えるそうです。また、テレビに出る際は、髪が顔に、とくに目の周りにかからないようにすることも大切だそうです。もちろん、肌の色がくすんで見えるような不自然なヘアカラーは言語道断です。やわらかい雰囲気をかもしだす色を選びましょう。

参考までに、カメラ映りを悪くする一〇のポイントもまとめておきます。

①白黒の生地の服。スタジオの照明の下では目がチカチカしてしまいます。
②シルクや化繊の輝きのある生地の服。照明が反射してしまいます。
③柄物の服。柄が動いているように見えます。ペイズリーのブラウス、縞模様のシャツ、グレンチェックのスーツ、花模様のワンピースなどはどれもNGです。
④プリーツのある服。サーカスのテントのように見えます。

⑤上下で色が違う服。太って見えます。
⑥首まわりが開いた服。カメラを通すと、実物よりもネックラインが低く見えます。ヒラリー・クリントンも、実際より胸元が大きく開いているように見えたせいで、胸の谷間が騒動になったことがあります。
⑦大振りで、ぶら下がった、キラキラのアクセサリー。家を出る前にさっと鏡を見て、気になったものは全部はずしましょう。ブレスレットやネックレスのじゃらじゃらという音は、みなマイクに入ってしまいます。それに、イヤリングがぶらぶらしていると気が散ります。
⑧高級腕時計や高価な指輪。間違ったシグナルを送ってしまいます。
⑨顔や目のまわりにかかる髪。落ちてこないようにセットしましょう。
⑩真っ赤な口紅。昼メロのオーディションとは違います。

（成功への道⑧：法則がわかれば怖くない）

オーマンは自己啓発分野の講師として、全米のトップクラスに君臨しています。その魅力と歯に衣着せぬ物言いは、テレビにうってつけです。「私はなにをするにしても私らしくやるの」という彼女の呪文は、彼女だけでなく、視聴者にも役立つアドバイスでしょう。彼女は自分のやっていることをよくわかっていて、準備もしている。だから自信が持てるのですし、いつも自分らしくいられるのです。

あなたも、いつかテレビの世界の人になるかもしれません。いまはまだ、報道番組にゲストやコメンテーターとして出演する女性は少数です。ケーブルテレビは白人男性で占められ、ＭＳＮＢＣやＣＮＮやフォックスに呼ばれるゲストの七割は男性、しかも八五パーセントは白人です。日曜の朝の討論番組も白人男性で占められています。もし、このような世界にも、より多くの女性が登場し、女性の視点を提供すれば、社会の問題についての議論はさらに深く、豊かになることでしょう。

9章

批判されたらどうするか？

女性は熱心に聞きながらも、話に割り込むことが必要です。ただし、割り込むときには、自分がなにを話しているのかをよくわかっていなければなりません。
——マデレーン・オルブライト

人の話を聞きに行くほとんどの人は、話している人をやり込めてやろうとか、波風を立たせようとか思っているわけではありません。とはいえ、邪魔が入ることがあるのも事実です。どんなことにも備えておくに越したことはありません。

タミー・ボールドウィンがそれを学んだのは、自分の選挙区で遊説しているときでした。ボールドウィンは一九九八年にウィスコンシン州初の女性代議員となり、同性愛を公式に認めた初の下院議員になりました。そして、市民権運動の全国的なリーダーとなり、差別に苦しむ数百万のアメリカ国民の声を代弁してきました。

その日、小さな町の集会所に入ったボールドウィンの目に飛び込んできたのは、「レズビアンを抹殺しろ」と書かれた手づくりのプラカードでした。持っていたのは、長髪にぼさぼさの白いひげを生やした痩せた年配男性でした。男は最前列に座っていたので、しばらくはだれにもプラカードは見えませんでしたが、ついに立ち上がり、聴衆のほうを向いて話しはじめると、参加者は一斉に抗議のうなり声をあげました。男はそれでも罵倒《ばとう》の言葉を並べました。そしてボールドウィンに、このプラカードをヘイトクライム（憎悪犯罪）だと思うかと聞いたのです。

このとき、彼女は挑発に乗りませんでした。代わりに、これを男性に教育するチャンスと考え、当時、議会で懸案となっていたヘイトクライム法案の根拠を冷静に語りはじめました。これまでにも、ボールドウィンは醜悪なヤジを飛ばしたりプラカードを持ち寄ったりする反対派につきまとわれてきました。選挙区を自転車でまわっているときに、拡声器で怒鳴り声を上げる男性に一日中追いかけられたこともありました。老人ホームなどに反対派がやってくると、お年寄りが怖がるのでとても困りました。それでも彼女は、嫌がらせをする人に過剰に反応しないことにしています。深呼吸して、冷静さを保つことで、つねに心を落ち着けているのです。

▼大前提をふまえる

醜悪なプラカードを掲げた男性の例は極端です。ほとんどの聞き手は、話がうまく進むように願っています。その話から前向きななにかを学ぼうと思っています。講演者の経歴に感心し、新鮮な視点を得て、新しいことを知り、できれば人脈もつくりたいと考えるでしょう。でも、ときには手厳しい質問や攻撃にさらされることもあります。

そんなときの対応として、まず覚えておくべき鉄則は「感情的に反応しないこと」です。そう、ボールドウィンのように。反論するよりも、平静を保つことのほうがずっと重要です。そうしなければ、あなたは器が小さく、怒りっぽく、気づかいのない人だと思われるでしょう。怒りを表に出したくなる気持ちはわかりますが、平静さを失ってもなんの得にもなりません。状況をさらに不快なものにするだけです。

全員の目があなたに向いているとき、不意の出来事にどう対応するか——それはいわばテストです。あなたがどれくらい機転をきかせられるかが試されているのです。コメディアンのジョーン・リバーズは、ヤジに鋭い皮肉で切り返す達人でしたが、あれはプロだけができるわざです。私たちがやればかならず失敗します。

(批判がつきものの仕事に就いた女性)

ナチスと共産党から逃れた、チェコスロバキアの外交官を父に持つマデレーン・オルブライトは、これまでにさまざまな状況に対峙《たいじ》してきました。その交渉スタイルが初めて外交の舞台で注目されたのは、彼女が国連大使になったときです。このときの彼女には、躊躇《ちゅうちょ》したり恐れたりする猶予がありませんでした。あったのは、はっきりと意見を打ち出す義務でした。

一九九三年の国連安全保障理事会に臨んだとき、会場にいた女性は彼女ひとりでした。他の一五カ国の代表は全員男性で、腕を組んで椅子に座っていました。「同じような経験をした女性は多いはずです」。オルブライトはそれまで、場の雰囲気を読んで直感に従って発言していました。でもこのときは、アメリカの国連大使として、中途半端な感情は脇に置くべきだと判断しました。「いまここで発言しなければ、アメリカの立場を知らせることはできない。女としての私は、ちょっと待ったほうがいいと思ったけれど、アメリカ代表としての私は、堂々と意見を述べなければならないと思ったのです」。こうした内的な対話によって、彼女は自分の声を定め、それを堂々と発してきました。

マデレーン・オルブライト
Madeleine Albright

オルブライトといえば、個性的なブローチがトレードマークですが、国際外交の舞台では社交の才能でも目立ちました。安保理事会でダンスを披露したときは、外交官らしくないという批判もありましたが、ボツワナの外務大臣にマカレナを踊って見せたそのとき、彼女はダンスのステップ以上のものを示していました。その姿勢は人々を魅了し、緊張をやわらげることにつながったのです。

オルブライトが一一歳のとき、家族はアメリカに移住し、デンバーに拠を落ち着けました。外交官だった父親は国際関係の教授になり、母親は秘書として働きました。オルブライトは私立の女子校に通い、ディベートに参加し、国際関係クラブをつくりました。「すごくつまらない子どもだったわ。そのころから外交オタクだったのよ」。でも、そうした課外活動や優秀な成績のおかげで、彼女は奨学生としてウェルズリー大学に合格し、一九五五年の秋、政治学を学ぶため東部に向かいます。

ただし、オルブライトが国際外交の舞台で注目を浴びるようになったのは、それから数十年もあとのことです。大学卒業から三日後、裕福な新聞王の後継者ジョー・オルブライトと結婚したからです。夫のジョーは記者として家業に入り、彼女は一組の双子を含む三人の娘を育てながら、ロシア研究で博士号を取得します。ところが結婚から二三年後、夫に別の相手ができて離婚を切り出されます。そのときばかりは言葉を失ったといいます。

オルブライトは、自分のキャリアを「山あり谷あり」と表現します。はじめのうちは、社会のために役立つことをと考え、私立学校のために資金集めをしたり、選挙活動を手伝ったりしました。最初のフルタイムの仕事は、カーター政権の国家安全保障会議のスタッフの仕事でした。その後、ジョージタウン大学の外交大学院のスタッフメンバーを経て、民主党大統領候補の外交政策アドバイザーとなります。でも、社会的な地位が上がり、大きな成果をあげても、自分のことを「妻の友人か、子どもの送り迎えを気にかける母親」としてしか見てくれない人がいることも感じていたそうです。

そんな経歴を持つオルブライトが、国務長官としてなによりも努力したのは、国民に外交政策を身近に感じてもらうことでした。

CNNが主催して生放送した、オハイオ州立大学での市民集会でも、オルブライトの姿勢は一貫していました。

この集会では、イラク爆撃に反対する声が噴出し、会場から一斉に「人種差別的な戦争は反対だ！」というシュプレヒコールが起こりました。オルブライトがクリントン政権の考えを説明するあいだもブーイングが続き、人々の怒りで発言はたびたびさえぎられました。それでもオルブライトは終始、感情を抑え、のちにそのイベントについて「この国の活発な民主主義の表れだった」とコメントしました。

相手の正体を知る

ホットな問題について語るときはとくに、なぜ人々がそこに参加しているのかを知っておくことが大切です。彼らはあなたの話を聞きたいのでしょうか、それとも自分の話を聞いてほしいのでしょうか？　聴衆が戦闘意欲満々でそこにやってくる場合には、その人のうっぷんを晴らせる時間を別に設けたほうがいいでしょう。同時に、みんなの意見が聞けるように、質問者には時間制限を設けることも必要でしょう。また、フリップチャートを置いて、だれかにその発言を書き留めてもらうのもいいやり方です。そうすれば、発言者は意見を聞いてもらったと感じられます。

トラブルメーカーには、攻撃的なタイプと受け身のタイプがあります。攻撃的なタイプはヤジなどで進行を邪魔しようとします。一方の受け身タイプは、攻撃的なタイプほど表立ってはいませんが、どこにでもいます。あなたの職場にもいるかもしれません。彼らは相手の神経にふれるような嫌なやり方で攻めてきます。

▼攻撃的なトラブルメーカー

まずは攻撃的なトラブルメーカーからみていきましょう。

挑戦者タイプ　このタイプは議論を支配したがり、「お言葉ですが……」とピンポイントで反論してきます。話し手を公の場でやり込めたいのです。もし、このタイプがいると感じたら、まず最初にけん制しておくことです。私の話には新しい情報も出てくるので、予断や偏見を持たずに聞いてほしい、話が終わるまでコメントは控えてほしいと説明しましょう。あなたのお気持ちはわかるけれど、ご意見にはかならずしも賛成できないと言うのもいいでしょう。

イライラや怒りは隠して、平静を保つことが肝心です。落ち着いて、相手の知恵や悲しみに耳を傾けましょう。主導権争いに巻き込まれてはいけません。意見を聞きながら、じっと目をみつめ、相手が話し終わったらこう言うのです。「それについてはどうも意見が違うようですね。この会が終わったら、もう少し話しませんか？　とりあえずは次の話題に移りましょう」。会のあとに挑戦者が来ることはまずありません。やってきたとしても、一対一で対応するほうがずっと楽です。

話し手や他の人の話をさえぎるのもこのタイプです。失礼なふるまいだという意識がない、マナーがわかっていないか、発言したくてたまらない人たちです。彼らには、こんなふうに指摘しましょう。「〇〇さん、まずは最後まで話をさせてください」。何度かそれを繰り返せば、相手もわかってきます。「ちょっとお待ちください。まだ話し終わっていませんから」、「ひととおり話が終わるまでは、コメントを控えていただけますか？　あとで質問をお受けします」などと言ってもいいでしょう。


妨害者　ヒラリー・クリントンは選挙期間中に、「アイロンがけでもしてろ！」と書いたプラカードを掲げた若い男性たちにこう答えて、喝采を浴びました。「あら、女性差別の名残りが、まだこんなところで元気に生きてるみたいね」。それでも彼らが嫌がらせをやめずにいると、今度は観客のなかにいた別の女性が怒鳴りつけました。「アイロンは自分でかけな！」。群衆のリアクションは最高潮に達し、トラブルメーカーたちは退場させられました。

女性差別者のただひとつの目的は、あなたを辱《はずかし》めることです。だからこそ、怒りを表に出してはいけません。この集会の例のように、怒っただれかが、あなたを守るために立ち上がることもあります。数でかなわないと悟ると、妨害者は小さくなってしまうものです。

多くの女性は公の場で、姿の見えないだれかから侮辱的な言葉を浴びせられた経験があります。

抗議すべきか、それとも無視して聞き流すべきかは、ケースバイケースとしか言えません。ニューメキシコの建築業者協会で会長を務めるロクサーヌ・リベラは、たいていのことは笑い飛ばしますが、粗野なふるまいには毅然と、「それは受け入れられません」と拒絶します。民主党の女性候補を支える団体の会長、ステファニー・シャリオックは、上院の首席補佐官だったとき、毎週スタッフ会議に来るたびに、運動部の部室にいるようだったといいます。そこでは男性陣が、女性の外見や髪の色の好みについて、あれこれと語っていました。現実主義者のシャリオックは、そのときどきで、男性の一員として仲間に加わったり、気分を害したと伝えたりしたそうです。

計画されたデモンストレーション　下院議長のナンシー・ペロシは、ある集まりに招かれたとき、スピーチを始めて数分もたたないうちに騒動に巻き込まれました。車いすに乗った活動家が「おうちがいい。施設はいやだ！」と叫びはじめ、それを合図に群衆が垂れ幕を拡げたのです。ボディガードはペロシの演台を囲むように立ち、イベントの主催者は彼女を舞台裏に避難させようとしました。けれども、ペロシは話を続行すると言ってききませんでした。それから三〇分間、デモの群衆が叫び声をあげるなか、ペロシは動じることなく話しつづけました。そればかりか、「大丈夫よ、不平には慣れてます。毎日民主党員に語りかけていますからね」と冗談を言うほどでした。

▼受け身のトラブルメーカー

受け身のトラブルメーカーは、集団にまぎれてなじんでいるように見えますが、じつは抵抗しています。彼らにもきちんと対処しなければなりません。

寡黙なタイプ　静かなトラブルメーカーは、たいてい部屋のいちばん後ろに座っています。黙って書類や電子機器をいじっていたりしますが、ボディランゲージはにぎやかで、話し手を明らかに無視したり、首を左右に振ったり、目をまわしたり、腕を組んだりほどいたりしています。恥ずかしがりやで、自信がなく、怖がりな人もいれば、力のある人と接するのが苦手だったり、注目を避けたがる人もいます。なにかに執着している人もいます。

残念ながら、このタイプに対して積極的にできることはあまりありませんが、その行動は他の人にほとんど影響しないので、無視するのがいちばんでしょう。あるいは親しみを込めて彼らを名前で呼んでもいいかもしれません。なにかを訊ねたり励ましたりするのもいいでしょうし、休憩中や話が終わってから、一対一で話してもいいでしょう。

おしゃべりなタイプ　このタイプは、口を閉じていることができません。よくしゃべり、声が大きく、的外れな質問ばかりしてきます。こういう人にはまず、彼らがしゃべっているときに近寄って、目を合わせましょう。話し手を目の前にすると、たいていはおしゃべりをやめます。それでもやめなければ、目を見ながらこう言いましょう。「コメントをいただいてありがたいのですが、ほかの方のご意見も聞いてみたいですね」。そして、そこから離れて話を続けます。あるいは、彼らになんらかの仕事を与えるのも一手です。休憩中に、ノートをとってもらうように頼んだり、質問をリストアップしてもらうのです。そうすれば、彼らの気もまぎれるでしょう。

なんでも知っているタイプ　このタイプは、こんなふうに話を切り出します。「私は二五年の経験がありますが……」、「ぼくは経済学の博士号を持っていますが……」。その裏には、正しいのは自分で講演者のほうが間違っているという意味が含まれています。要は、質問ではなく持論を言いたいのです。彼らに対処する鍵は、事実にこだわることです。論理や推測は控えます。あなたの個人的な経験を語るのもいいでしょう。個人の経験に反論するのは難しいからです。また、質問者よりもはるかに有名な専門家の言葉を引用するのもいいでしょう。

（つつがなく質疑応答を進めるポイント）

話を終えたあとの質疑応答の時間は、聞き手と直接やりとりできるチャンスです。また、大切なメッセージをもう一度伝え、みんなの記憶にそれを焼きつけるチャンスでもあります。もし話のなかで省いた部分があれば、それを答えに組み込んでもいいでしょう。誤解や間違いを訂正する最後のチャンスでもあるのですから。

以下、質疑応答の作法を挙げておきます。

●いつ質問を受けつけるかは、あらかじめ伝えておきます。話の最中に受けつけても、話が終わるまで待ってもらうのでもかまいません。
●質問の受けつけ方も伝えましょう。たとえば、マイクを渡すのか、書き出して手渡してもらうのか?
●質問者には、どこのだれかを言ってもらうようにします。少しでも相手のことを知っていると役に立つものです。
●質問の時間は制限します。ふつうは一五分で充分です。
●それほど賛否の分かれないトピックなら、質問の数を制限します。一〇件を超えると、同じような質問か、関係のない質問が多くなります。
●だれも質問しないで場が白けてきたら、「こんなことをよく聞かれるんですが……」と自分から切り出してみましょう。
●可能なら、演台から離れて聞き手に近寄ります。
●答える前に、質問を理解したことを確かめます。
●どんな質問者にも、礼儀正しく敬意を持って答えましょう。
●質問に優劣をつけてはいけません。「すばらしい質問ですね」と言うと、他の質問が素晴らしくないように聞こえてしまいます。

●意図的に間を取りましょう。沈黙は聴衆の注意を引く優れたテクニックですし、答えを考える時間にもなります。
●答えはできるだけ短く、要点を述べます。
●質疑応答を終わらせたいときは「あと一つか二つ、質問をお受けします」と言い、いい答えをしたところで終わります。
●最後は大切なメッセージを入れ、短い要約で締めます。

➤感情的な質問者への対処法

感情的な質問者は、「挑戦者」「妨害者」「すべてを知っている人」を組み合わせていることもあります。ケイ・ヘイガン上院議員はある集まりで、質問者の女性が子どもたちの治療について説明している最中に、それをさえぎってしまいました。がまん強く最後まで相手の言葉を聞かず、準備された返答で次に移ろうとしたのです。その素気ない対応に、母親が叫びました。「あんたと同じ保障が欲しいのよ！」。それは、議員の健康保険がすべて税金でまかなわれていることへの批判でした。聴衆の気持ちはその母親に傾き、会場から「そうだ！」という声があがりました。

たとえ質問者が感情的でも、その声をきちんと聞かなければ、あなたが無神経か冷淡な人だと思われます。相手が熱くなっている瞬間に、判断を急がないよう気をつけてください。質問の背後にある動機や意図をよく汲みとるように努めましょう。

感情的な質問者には、忍耐力が鍵になります。できるかぎり発言の機会を与えれば、全員が次に移ろうという気になります。たとえば次のようにです。

●質問をさえぎらず、必要なだけ語らせましょう。たぶんその時間は長く感じられるでしょうが、相手としっかり目を合わせ、相手に集中し、敬意をはらっていることを周囲に示しましょう。
●質問が終わったら、話をきちんと聞き、その気持ちも理解していることを伝えます。もし、相手がそこであなたの言葉をさえぎったら、ふたたび相手にしゃべらせます。
●相手が話し終えたら、その人をまっすぐ見つめながら答えはじめます。二〇秒ほど語ったら、その人から周囲の人たちへと身体の向きを変え、他の聴衆も対話に引き入れます。
●もし同じ質問者がまた発言を始めたら、もう一度その人に語らせます。先ほどと同じように、あなたが返事をするときには、まずその質問者を見つめます。しばらく経ったら目を離し、別の人を指します。
●それでもまだ同じ質問者が割り込んできたとしても、今度はやりすぎだと全員にわかります。だれかがその質問者を黙らせるはずです。だれも助けてくれなかったら、他の人の意見も聞く機会なので、あとでゆっくり話しましょうと冷静に説明してください。

オルブライト流

一九九六年に、キューバの戦闘機がアメリカ人の乗った二機の小型民間機を撃ち落とす事件が起きたとき、国務長官だったオルブライトは、「率直に言って男らしくない行為です。卑怯です」と言い放ちました。もし事前に国務省にチェックさせていたら、絶対に認められなかった発言でしょう。慎重に言葉を選ぶ外交の世界では、非常にショッキングな発言でした。でもビル・クリントン大統領は、このコメントを「アメリカ外交史に残る名言だ」と言いました。

政治通だけにわかる言葉ではなく、ふつうの人と同じ言葉を話したオルブライトは、大衆にもメディアにも好かれました。それでも、国務長官に任命された直後のインタビューでは、メディアの厳しい追及にさらされました。「ワシントンポスト」のマイケル・ドブス記者が、オルブライトの家族がユダヤ人で、祖父と従兄弟たちがホロコーストで虐殺されていたことをつきとめ、彼女が家族の歴史を隠していたのではないかと詰め寄ったのです。

これに対してオルブライトは、『60ミニッツ』に出演し、自分はローマカトリックとして育てられ、家族の歴史については知らなかったと語りました。素早く対応したことで、信用を維持することができた例でした。

攻撃に負けない八つのルール

ソーシャルメディアの世界では、だれでもビデオを投稿できますし、ブロガーにはなんの縛りもありません。そのようななかで、自分がどんな世界に身を置こうとしているのかをはっきり理解し、そのプロセスを管理するテクニックを身につけることはとても重要です。もしも攻撃的あるいは敵対的なインタビューを受けたら、あなたはどうしますか？　この場合の基本ルールは八つあります。これらを身につければ、どんなメディアともうまく付き合っていけるでしょう。

▼ルール① あら探しを覚悟する

ひとくちにマスコミといってもさまざまですが、すべてに蔓延している傾向があります。それが、あら探しです。あら探しは質問から始まります。「なぜ違うんですか？　だれの責任ですか？　なぜ失敗したんですか？」。あら探しへの準備ができていなければ、大きな波に飲み込まれ、水面から顔を出すのに苦労するでしょう。

イーベイの元エグゼクティブで、知事候補にもなったメグ・ホイットマンは、何年も企業経営陣として過ごし、政界に毒されていないことをウリにしていましたが、カリフォルニアの記者団が記録を調べたところ、三〇年近く選挙に行っていなかったと報じられました。このときホイットマンは、記事の正確さに疑問を唱え、結局は火に油をそそいでしまいました。記者会見では有権者に謝りましたが、「子育てや夫の仕事を支えるのに忙しく、何度も何度も引っ越しをしていたから」という言い訳のせいで、状況はさらに悪化しました。

▼ルール② 相手をよく見る

電話やカメラであなたに質問をしてくる人は、どんな人なのでしょう？　それを判断するためにも、質問者は三種類に分類しましょう。

エリート記者　「エリート」と言われる記者はほんのひと握りです。彼らは知識豊富で、その問題に個人的な興味を持っている、名のあるジャーナリストです。エリート記者とのインタビューは、あなただけでなくその記者自身の評判がかかっているという点で特別です。彼らは、自分の仕事がどのように見られるか、とくに業界内でどう見られるかを、つねに気にかけています。

ニュース番組のレポーター　ジャーナリズムの訓練を受け、報道畑で働いた経験のあるレポーターたちです。そのほとんどはコミュニケーション、ジャーナリズム、または放送メディアの学位を持っているか、現場の叩きあげで昇りつめた人です。彼らは報道の原則やプロとしての指針に通じています。問題となっているトピックに関しての専門知識や興味があるとはかぎりませんし、エリート記者ほど取材結果に個人的な評判がかかっているわけではありませんが、通常は客観的だと思っていいでしょう。

それ以外　それ以外の人はすべてここに分類してかまいません。市民ジャーナリスト、ブロガー、特定の目的を持つ活動家もこのなかに入ります。こうした人たちは、プロとしての訓練をそれほど受けていませんし、責任もありません。なんでも自由に書き、言い、行なっていいのです。もちろん、とても優秀な人もいますが、確認もしないまま、噂や憶測を事実として扱う人も少なくありません。

彼らのなかには、大手メディアに先んじてニュースを発表することで名を上げる人もいます。セレブリティ誌『ナショナル・エンクワイアラー』のレポーターがオンラインに載せた、タイガー・ウッズの不倫記事はその一例です。また、大統領候補だったバラク・オバマが、アメリカの田舎に住む人たちは排他的で、「銃と宗教にしがみついている」と言ったのを録音したのは、「ハフィントンポスト」の市民ジャーナリストでした。

オンラインの世界は、また聞きや噂に満ちています。政府職員だったシャーリー・シェロッドは、『フォックス・ニュース』が彼女に人種差別主義者の烙印を押したことで、職を失ってしまいました。たしかに、保守主義活動家のサイトにあがったNAACPの大会の動画では、黒人のシェロッドがジョージアの白人農家について人種差別的な発言をしているように見えました。でも、ある活動家がその映像をくわしく解析したところ、本当は、偏見を乗り越える手助けをしてくれた農家の人にシェロッドが感謝を述べていたことが判明しました。

▼ルール③　インタビューを会話と勘違いしない

あなたを甘い言葉で釣って油断させようとするレポーターには、気をつけなければなりません。経験豊富な彼らは、相手をリラックスさせて、思っていた以上に口を開かせることに長けています。インタビューを、楽しいカクテルパーティの会話のように思わせるレポーターもいるでしょう。同情的な友人のふりをして、あなたの一言ひとことに共感しているそぶりを見せるかもしれません。だれかが自分に意見を求めて、その答えを気にかけてくれればうれしいものです。でも、だまされてはいけません。レポーターの仕事はニュースを伝えることなのです。

ＢＢＣのトークショーで司会を務めるルビー・ワックスは、ゲストにとんでもないことを告白させてしまう名人です。フィリピンの大統領夫人だったイメルダ・マルコスに取り入って、豪華な靴のコレクションを暴露したのも彼女です。ダイエット食品の広告に起用された元イギリス皇太子妃のセーラ・ファーガソンの冷蔵庫をのぞいたり、Ｏ・Ｊ・シンプソンにバナナで自分を刺すまねをさせたりもしました。ワックスはおバカキャラを演じることでゲストをなごませ、有名人の弱点をのぞき見したい視聴者の期待に応えています。レポーターを信頼できる友だちだと考えてはいけません。かといって敵対する必要もありません。彼らは友人でもなければ敵でもないのです。

▼ルール④　突撃取材には応じない

日曜日の夜に放送されていた『60ミニッツ』では、マイク・ウォレスが取材相手の自宅にアポなしで訪れるコーナーがあり、私も毎週楽しみにしていました。いらだった相手が、ブルドーザーでカメラマンを追いかける姿は忘れられません。かつては、ジャーナリストといえば一般大衆を守るために悪者を追いかける正義の味方だと思われていましたが、いまではニュースとエンターテイメントの境目がなくなっています。記者の餌食《えじき》になる人に罪はなく、やり方もはるかにきわどいものになりました。だれかの信用をおとしめたり、間違った情報を広めるために、ビデオの改ざんや隠しカメラが使われることもあります。

もしも、あなたがアポなし訪問を受けたら、できるだけ早く、礼儀正しく断りましょう。カメラがまわっている場合は、おだやかに自己紹介と握手だけをすませます。質問に答えたくなっても、答えてはいけません。笑顔できっぱりと、議論したいけれど、いまこの場ではその時間がないと言ってください。名刺を交換して、相手にアポイントを入れるようお願いしたら、静かにその場を去りましょう。追いかけてきて質問されても、平静を保って断ります。答えようとしてはいけません。気のきいた返事ができると思うかもしれませんが、録画の一部だけを切り取られて、あなたの印象が悪くなる可能性もあります。インタビューを受けるかどうかは、その人の素性をチェックしたあとに決めればいいのです。

▶ルール⑤ うっかり発言をしない

自分の失言から身の破滅を引き起こしたら大変です。おしゃべりは失敗のもと、失言がソーシャルメディアで光の速さで拡散される現代ではとくにそうです。スピーチの達人は、何気ないひとことが致命傷になる怖さをよくわかっています。うっかり発言を避けるための方策を、ここに紹介しておきましょう。

失言　言いたいことをどう表現すべきかをよく考えないまま口走るのは、失言のもとです。口に出した言葉も、ツイッターのつぶやきも同じです。いったん人の耳やデジタルに記録されたら、なかったことにはできません。ジョン・マケイン上院議員の娘メーガンは、出版した本の販促活動をずる休みしたことが、彼女自身のツイートでばれてしまいました。「急な仕事のために」サイン会をキャンセルしたはずなのに、「悪友とラスベガスに向かうところ」だとツイートしてしまったのです。

思慮に欠けるコメントやまとまりのない考えを削除することはできますが、検索エンジンのなかにキャッシュは残ります。オンラインの世界では、すべてを完全に消去することはできません。あなたのつぶやきはどこかで見つかるのです。ついツイートしてしまうという人は、アカウントを閉じたほうがいいでしょう。

オフレコ　スタンリー・マクリスタル大将は、ホワイトハウスの高官を批判したとき、自分の発言を「オフレコ」だと考えていたはずです。でも、雑誌『ローリング・ストーンズ』のマイケル・

ヘイスティングス記者は、そうとらえていませんでした。ヘイスティングスは、アフガニスタンでこの大将やスタッフと数カ月間寝食をともにし、彼らがジョー・バイデン副大統領ら政府高官を侮辱するのを記録していました。そして、それらをまとめて記事の一面を飾ったのです。これによって、マクリスタル大将はNATO軍司令官の任務を解かれることになりました。

あなたが質問に答えるときはかならず、自分の発言が「オフレコ」なのか、「裏話」として扱われるのか、「匿名」になるのかをはっきりさせなくてはなりません。事前にルールを決め、レポーターに合意を取り、なにがあってもそれに従ってもらうのです。それでもルールに従わない記者はいます。とくに電子メールは公開されると考えておいたほうがいいでしょう。

ノーコメント　「ノーコメント」と言うのはやめましょう。悪いことをしたか、隠していると思われてしまうからです。なにかことが起こったとき、広報の専門家は、懸念を表明して人々の怒りを鎮めるべきだと言い、弁護士はどんな発言も罪の告白だと受け取られかねないと助言します。が、どちらも、「ノーコメント」という言葉に得るものはないという点では一致するでしょう。

正直さ　事実を曲げると、いずれ自分に跳ね返ってきます。推測、あてずっぽう、憶測の類は、でっちあげと同じくらいたちの悪いものです。あとで間違っているとか誤解を招くものだとわかれば、あなたの信用に傷がつきます。

だらだら話す　おしゃべりのやめどきを知っていれば、命拾いできます。あなたが沈黙を埋める必要はありません。答え終わっても、さらにうながすようにうなずくレポーターには気をつけましょう。その人は、あなたが口をすべらすようにそそのかしているのです。それ以上の質問がないなら、要点をまとめて終わりにしましょう。

▼ルール⑥　よくある質問に備える

映画『恋はデジャ・ブ』では、ビル・マーレイ演じるテレビのお天気キャスターが、同じ日を何度も繰り返します。来る日も来る日も同じ行事を放送しつづけ、いつまでもお天気占いを繰り返すのです。これと同様に、報道メディアも同じような質問をし、同じようなストーリーを同じやり方で伝えます。

参考までに、よくある質問と、答え方のポイントを挙げておきます。

《仮定の質問》「もし〜なら?」といった仮定の質問に答えてはいけません。事実にこだわりましょう。

《最新ニュース》あなたには関係ないのに、最新ニュースについてコメントを求められることがあります。見識を問われるので、一応、見出しに目を通して準備をしておきましょう。

《第三者の情報源》外部の情報源の発言に対して感想を求められたら、その発言が本当かどうか疑

橋渡しのフレーズ

- これだけは言えます。
- その質問にはこう答えさせてください。
- その質問と同じくらい重要な点にも、ひとことふれさせてください。
- その質問は、みなさんにとっていちばん気になることにふれていませんね。
- 私だったらそのようにはとらえませんね。おそらく……
- よく聞かれる質問ですが、それで思い出すのがこの話です……
- その質問がなぜ重要なのかを説明させてください。

ってください。あなたが証明できること以外は口にしてはいけません。

《**そう思いません？**》同意してもいないことにうなずくのはやめましょう。親しみを込めて、けれどはっきりと同意できないと伝え、その理由を簡単に説明してください。

《**ランキング／選択**》いくつかの選択肢のなかから、どの答えがいいかを選んでほしいと訊ねられたときは、どの答えも違うと言っていいのです。

《**個人攻撃／だまし討ち**》攻撃されたり、だまされたりしても腹を立てず、落ち着いて事実を正し、すぐに言いたいことにつなげましょう。

《**事実誤認**》間違った情報に基づいた質問をされたら、事実だけを伝えましょう。

▶ルール⑦「橋渡しのフレーズ」を使う

地雷を踏んでしまわないように、よく計算して答えないといけない質問もあります。「橋渡しのフレーズ」は、ひっかけの質問がきたときに簡潔に答え、あなたの言いたいことに戻るためのテクニックです。前ページの表のフレーズを、声に出して練習してください。そうすれば、インタビューをうまくまとめることができるでしょう。

さらにもうひとつ、レポーターがあなたの言葉を使いたくなる前置きを覚えておくと便利です。それは、「ここだけの話ですけど、じつは……」です。これに逆らえるレポーターはいません。こう言えば、その話は編集でカットされないでしょう。

➤ルール⑧ 鉄則を守る

ルールの最後は、メディアと関わるうえで、かならず守らなければならない鉄則です。それは「あなたが聞きたくない、見たくない、読みたくないことは、言ったり行なったりしてはならない」です。一見、単純に思えますが、これに従っていれば、かなりの心配や懸念を事前に防ぐことができます。インタビューは日常会話ではありませんし、恨みを晴らす場でも、復讐《ふくしゅう》の場でも、愚痴を言う場でもありません。それは、あなたの考えやストーリーを語る絶好のチャンスなのです。

(成功への道⑨:大人の女は冷静さを失わない)

マデレーン・オルブライトは、ベストセラーとなった自伝のなかで、ブローチを「個人的な外交の武器」としてどのように利用したかを描いています。たとえば、サダム・フセインの使節団との会合では、蛇をかたどったブローチをつけました。イラクの独裁者フセインが、以前にオルブライトのことを「希代のヘビ」と称していたからです。棒に巻きついた金のヘビの口から小さなダイヤモンドがぶら下がっているこのブローチに気づく人は多くないだろう、彼女はそう思っていましたが、報道陣はすぐにその意図を知りたがりました。

オルブライトは、あたたかみをかもしだしたり、相手との関係に特別な意味を持たせるために、ブローチを収集してきました。「ブローチを外交の武器として使うというアイデアは、国務省のマニュアルのどこにもありません」とオルブライトは書いています。それは、厄介な相手に対応し、自分の意図をそれとなく知らせるための、彼女ならではの手法でした。

あなたは不公平な扱いなど受けることはないかもしれません。でも、もしなんらかのトラブルに遭遇したら、反撃してはなりません。オルブライトのように、しっかりと気品をもって、あなたの立場を守ってください。

10章 理想は高く！

サポーターのみなさん、支援者のみなさん、「旅するパンツスーツ」で結ばれた姉妹のみなさん、心の底から、こう言わせてください。ありがとう。負けずにいてくれたことを、諦めなかったことを、そして、一緒に歴史をつくってくれたことを。

——ヒラリー・クリントン（二〇〇八年八月の民主党大会で）

ヒラリー・クリントンは以前、同系色のパンツスーツばかり着ていたことでマスコミに叩かれたことがあります。でもその一方で、ファッション誌『グラマー』は、批評家がなんと言おうと自分に似合うスタイルを見つけて、それを押し通しているヒラリーを褒めたたえました。冒頭のヒラリーのセリフは、際限のない外見に対する批評を、前向きな表現に変えたものでした。

「旅するパンツスーツ」とは、『旅するジーンズ』というヤングアダルト小説をもじったものです。これは、四人の幼なじみが、一本の魔法のようなジーンズを通して、ずっとつながりを持ちつづけるお話です。四人はみんなジーンズが似合いますが、体型も身長も違います。初めて離ればなれで過ごす夏のあいだ、一本のジーンズを着まわすごとに、出会いと失恋の冒険を伝え合う——旅するジーンズは、若い女性が互いに支えあいながら、新しいことに挑戦したり、満たされない気持ちを克服していく物語です。現実には、そんな魔法のパンツは存在しませんが、それでもいいのです。大切なのは、助けあいの輪をつくることです。

多くの女性は、さまざまなグループに参加して、仕事の話から趣味や恋愛の話まで、多くのことを語りあっています。この団結力を、より強い影響力に変えていけたらどんなに素晴らしいでしょう。マデレーン・オルブライトが言うように、女性は友だちづくりは上手ですが、ネットワーキングはあまり得意ではありません。

ヒラリーのスピーチ

「人権は女性の権利であり、女性の権利は人権です。いまここで、それをはっきりさせましょう」。一九九五年、北京で開かれた第四回世界女性会議でのスピーチで、ヒラリー・クリントンは権力の濫用に反対し、人間の尊厳を求めて立ち上がり、女性の権利を強く訴えました。大統領夫人が、他国でその国の独裁者を責めるのは勇気のいることです。そのスピーチで、どの国と名指ししたわけではありませんが、「女性が家族計画を許されないとしたら、たとえば意思に反して中絶や不妊手術を強要されるとしたら、それは人権の侵害です」という言葉がなにを意味しているのかは、明らかでした。

もちろん、彼女の目的は威嚇ではありませんでした。希望を与えるために、「畑や工場で、村の市場やスーパーで、居間や会議室で」自分と家族により良い人生を与えようと努力している女性の夢を語ったのです。

ヒラリーはそれまで、数えきれないほどスピーチをしてきましたが、この北京でスピーチしたときは、さすがに緊張したと自伝に書いています。もしこの会議で結果を出せなければ、女性の権利を向上させるチャンスが失われてしまうだろうこと、でも、自分の情熱がスピーチでかならずしもうまく伝わるわけではないことを自覚していたからです。「私の声のトーンや高さで、メッセージが誤解されないようにしなければいけない」、彼女はそう自分に言い聞かせました。

そしてどうなったか？　ヒラリーがスピーチを締めくくると、聴衆は一斉にスタンディング・オベーションを送りました。「無表情だった使節団が、一斉に立ち上がりました。会場の外にいた女性たちがエスカレーターを駆けおりて、私に握手を求めてきました」。中国政府は一切のテレビ中継やラジオ放送を禁じ、新聞もこのスピーチをまったく記事にしませんでしたが、大統領夫人によるまれにみる演説への反応を黙らせることはできませんでした。いまでも外国に行くと、彼女に駆け寄ってきて、このときの彼女の言葉を繰り返したり、スピーチのコピーを持ってきてサインを頼む女性がいるそうです。

▼あなたのお手本はだれ？

公職に四〇年仕えてきたヒラリーには、ホワイトハウスで、上院で、大統領選で、国務長官の執務室で、彼女を支えてきた「ヒラリーランド」と呼ばれるスタッフやアドバイザーのグループがいます。そしてまた彼女には、いまは亡き元大統領夫人、エレノア・ルーズベルトというロールモデルがいます。ホワイトハウス時代、「ヒラリーランドの活動のひとつは、エレノア・ルーズベルトとの交霊会だった」と揶揄する報道もありましたが、のちにヒラリーは、ルーズベルト研究所の主催する講演会で、そのことにふれています。

私は昔、エレノアとの会話を想像したことがありました。彼女はとてもいいアドバイスをたくさん授けてくれました。私が大統領夫人として行なったことで、エレノアがしていないことはひとつもありません。ニューヨークでもインドでも、「エレノア・ルーズベルト以来、大統領夫人の訪問はあなたが初めてです」と興奮の面持ちで迎えられました。

エレノアは、当時にしては新しいことに挑戦しただけでなく、時代を超えて正しいことを行ないました。彼女はただ立ち寄るだけでなく、人々の話に耳を傾け、学び、その情報を夫のもとに持ち帰り、必要な変革を後押ししていたのです。

良いときも悪いときも、エレノアはヒラリーのひらめきと慰めの源になってきました。たとえば、ヒラリーは不親切な言葉を向けられると、腕をつねって皮膚の厚さを試したといいます。それは、「公職に就く女性はみな、サイと同じくらい面の皮が厚くなければならない」というエレノアの信

念を思い出すためでした。

　二〇〇八年、民主党の大統領指名争いのあいだも、ヒラリーは全方位からの攻撃に耐えつづけました。彼女の選挙活動のアドバイザーだった私は、他の女性がヒラリーにくだす批判や攻撃に驚き、怒りすら感じました。女性たちの質問のほとんどは、ヒラリーの最高司令官としての資質にまったく関係のないことで、とくに夫婦仲について聞きたがりました。それでもヒラリーは毅然として、自分のメッセージを伝えていました。

ヒラリー・クリントン
Hillary Clinton

　話し方の技術を磨きたい女性にとって、大統領選挙のディベートの様子はとても勉強になります。ヒラリーは数えきれないほどのディベートで厳しい質問に答えながら、女性がどのようにリーダーとしての自分を表現するかを示しつづけてきました。民主党の他の男性候補から、あなたのジャケットはアスベストのように見えると言われたこともありましたし、バラク・オバマにも薄笑いを浮かべて「ああ、あなたもそこそこ人気がありますね」と言われたことがあります。ふざけた質問も多く、CNNが主催した集会では「ダイヤと真珠とどちらがお好きですか?」と聞かれるありさまでした。

自分に期待しつづける

スピーチの達人は、「素晴らしいパフォーマンスは、継続的なプロセスの結果である」ということを知っています。そのプロセスとは、事前に準備し、メッセージを伝え、フィードバックを分析し、日々テクニックを磨くことです。どんな場であろうと、人前で話すときは毎回、新しいことを学ぶチャンスです。だれかのまねをしたり、マンネリに陥ったり、凡庸なテクニックを使ったりして満足しているようではいけません。この本で紹介したスピーチの達人たちも、つねに自分に期待しつづけたおかげで、非凡な成功を遂げてきたのです。

▼勇気を出して

では、あなたが自分らしい話し方を身につけるのに役立つことを挙げておきましょう。

一人前の人間としての自覚を持つ　ウィルマ・マンキラーは、チェロキー保護区で初めての女性警察署長でしたが、彼女がある有名大学でスピーチをしたあと、空港に彼女を迎えにきた若い部下は、こう訊ねました。「あなたのことをどう呼んだらいいですか」。その若者は続けて、警察署長《チーフ》は男性を表す肩書きなので、警察婦人長《チーフェス》とか、警察署婦長《チーフェット》はどうですかと言いました。すると、ウィルマはゆっくりと、ミス・署長《チーフ》（ミスチーフにはいたずらという意味がある）はどうかしらと返しました。その若い部下に悪気はなかったのでしょうが、女性であることでいちいち気にされるのは苦痛です。

私はいま四〇代ですが、六〇代の男性が研修にやってきて私を一瞥《いちべつ》し、「で、君がここの責任者なのかね?」などと聞くとつい笑ってしまいます。一〇年前の私なら動揺していたでしょうが、いまは相手の目を見つめ、笑顔でこう答えます。「はい、がまんしてくださいね」

演台に立つ女性たちは大きな躍進を遂げてきましたが、まだ公平な環境とは言えません。自分を一人前の人間として認めてほしいなら、まずはあなた自身が、自分は一人前の人間なのだと自覚しなければなりません。

コメディアンのティナ・フェイは、卒業スピーチで女子高校生にこんなアドバイスをしました。

これから二年後の春休み、脱ぎたくなるかもしれないけど、脱いじゃダメ。でも、脱ぐなら、自分のカメラで撮るのよ。だれかに撮らせちゃダメ。あなたのオッパイなんだから。少なくとも自分で撮って、自分で稼ぎなさい。

だからAVっていやなの。自分で稼げないから。だれかに譲るなんて馬鹿げてる。まずは、やらないことがいちばん。でももしやるなら、絶対にお金を手放しちゃダメ。他人にあいだに入ってもらう必要はないわ。だって、あなたのオッパイなんだから。

ホワイトハウス報道官を務め、ヒラリー・クリントンの大統領選挙キャンペーンのアドバイザーも務めたアン・ルイスは、女性は完璧を目指すのをやめて、まわりを見まわしながら自分をはかるべきだと語っています。そうすれば、自分が充分優秀で、仕事もできることがわかるはずだというのです。「いったん部屋に入ったら、仲間として認められたと思っていいんです。毎日テストを受ける必要はありません。そこにいるということは、その資格があるということなんですから」

チャンスを探す　仕事でもプライベートでも、なにか集まりがあったときこそ、人前で話す練習をするチャンスです。たとえばパネルディスカッションのあとで、勇気を出して最初に質問をしてみましょう。質問を書きとめておいて、質疑応答が始まったら最初にマイクの前に進み出るのです。これは、大勢の聴衆に慣れるいい練習になります。また、カンファレンスで小グループに分かれたら、進んで進行役を引き受けましょう。あるいは職場のパーティで、上司に感謝を述べて贈り物を渡す役を引き受けてみましょう。

個人的な付き合いの場でも、練習のチャンスはたくさんあるはずです。友人の赤ちゃんの誕生を祝う会も、スピーチ練習のチャンスです。読書会も、読んだ本の感想を九〇秒で語る練習になります。どちらも仕事上のスピーチほどのプレッシャーはないかもしれませんが、だからこそ、あなたらしさを出せるチャンスです。こうした集まりなら失敗したってかまいません。でも、あなたが準備していれば、仲間はきっと感心し、心あたたまるスピーチに喜んでくれることでしょう。

自画自賛する

シンディ・クロフォードは、エクササイズビデオの最後にカメラに向かってこう言います。「自分で自分を褒めながらがんばって。終わったときにすごくうれしい気持ちになれるわよ」。そう、六〇分のスクワットやウェイトトレーニングでがんばる自分は、自分で褒めていいのです。人前で話をしたときも同じです。「最悪だった」と言ってみたり、いつまでもくよくよする必要はありません。

そのためにも、まずは人からの褒め言葉を素直に受け入れることがとても大切です。受け入れれば、褒めてくれた人に敬意を表すことにもなりますし、周囲の女性たちへのいいお手本にもなります。会員数六〇〇社を誇る全国電話協会のＣＥＯシャーリー・ブルームフィールドは、次のように言っています。「若いころは、褒められると冗談にして自分を茶化していました。たとえば、『舞台から落っこちなくてよかったです』なんて言っていたんです。少し大人になると、今度はチームの全員の貢献を必要以上に褒めたたえるようになりました。目立っていなかった人を大げさに持ちあげたりして……。でもいまは、褒められたらそれを素直に認められるようになりました」

長年、政治の世界で生きてきたアン・ルイスは、男性と女性とで褒め言葉の受けとめ方に違いがあるのを見てきました。男性は表彰されると、オフィスに戻って一日中電話で自慢話をしています。一方、女性は成果を認められると、オフィスに戻って「これからどうしよう？」と考えるのです。女性はもっとターザンのようになったほうがいい、とルイスは言います。ターザンはジャングルでライオンを倒すと、胸を叩いて雄たけびをあげますよね。女性も、もう少し胸を張っていいのです。

だれでも成長できる

二〇〇七年一一月、ヒラリー・クリントンは、自分を支援してくれている大学生と集会を開くために、母校のウェルズリー大学に戻ってきました。四〇年前、この大学の創立以来初めて、生徒による卒業スピーチを行なったヒラリーは、その集会で、「さまざまな意味で、この女子大が私に男性ばかりの大統領選で戦う準備をさせてくれました」と語りました。

でもそんな彼女も、入学したてのころは、「ここにはいられないかも」と思っていました。中西部の田舎から東部にやってきた彼女は、何カ国語も操る国際的な同級生に出会って、怖じ気づいたのです。フランス語の教師からも「マドモワゼル、ここではあなたの才能は活かせないかもしれませんね」と言われ、家に帰るつもりで母親に電話をかけたそうです（幸い、大学教育を受けるチャンスのなかった母親は、ヒラリーの言葉に耳を貸しませんでした）。

長い選挙戦では、忍耐がクリントンのテーマになりました。二〇〇八年のヒラリーの歴史的選挙戦は、民主党大会で終わりを告げましたが、そのとき行なったスピーチは、彼女の数々のスピーチのなかでも最高のものだと言われています。一部をここに紹介しましょう。

――私が上院議員になれたのは、一八四八年に、勇気ある女性の一団と少数の男性が、ニューヨーク州のセネカフォールズに集ってくれたからです。その人々の多くは何日もかけて旅をし、歴史上初めて女性の権利集会に参加しました。それが、七二年におよぶ女性参政権への戦いの幕開けになり、さらにその戦いは、母から娘、孫娘、ときには息子や孫息子にも受け継がれていったのです。

こうした女性や男性たちは、娘の目をのぞき込みながら、より公平で自由な社会を夢見て、闘う力にしていきました。彼らは集会を開き、座り込みをし、バカにされても脅されてもがまんし、暴力や投獄にも負けませんでした。

そして、長年の戦いの果てに、八八年前のこの日、修正第一九条が可決され、アメリカ憲法に女性参政権が永遠に刻まれました。私の母が生まれたのは、女性が投票権を与えられる前でした。けれども今回の選挙では、私の娘が私に、大統領への一票を投じることができました。

これが、アメリカの物語です。不可能に立ち向かい、決して諦めない男女の物語なのです。

〔成功への道⑩：理想に限界はない〕

人前で話をして、たとえ失敗しても、つまずいても、理想を捨ててはいけません。『オズの魔法使い』のドロシーと仲間たちがどんな旅をしたか、思い出してください。エメラルド・シティに到着した彼女たちは、全能のオズの魔法使いに謁見《えっけん》を申し出る勇気がありませんでした。自分たちはとるに足らない存在だと思っていたからです。でも、トトがカーテンを引っ張ってしまい、魔法使いがじつはただのうるさい詐欺師だったことを知るのです。ついにドロシーたちは、それぞれが探していたものをすでに持っていたことに気づきます。ライオンには勇気があり、ブリキの木こりにはあたたかい心があり、かかしには頭脳があり、ドロシーには家に帰るための赤い靴がありました。魔法使いにリボンやメダルや学位をもらって、自分たちを証明する必要などなかったのです。

あなたも同じです。人前で最高の自分を表現するのに本当に必要なのは、自分を信じて進む強い心です。

おわりに――うまく話せれば、人生が変わる

ここまで読んだあなたは、なにかに挑戦する気持ちになったでしょうか。この本を通じて、あなたのやる気が増し、人前で話す能力が向上することを心から願っています。

そこで、あなた旅の道しるべとなるよう、本書の締めくくりに二人の女性を紹介したいと思います。もちろん二人とも、1章で紹介したパワーペルソナの持ち主です。

▼自然と人間の力を信じる――ジェーン・グドール

ジェーン・グドールは、世界でもっとも有名な霊長類学者のひとりです。彼女が聴衆の歓迎の拍手に応えて「挨拶」すると、だれもがすぐに魅了されます。その挨拶とは、タンザニア国立公園にいるチンパンジーの「ウーウー」というものまねです。グドールは、小さな身体の奥からいきなり大きな声を出して聴衆を驚かせます。チンパンジーと共生してその言葉をマスターした彼女は、低

い声のウーウーから甲高いウェーウまで、幅広い声色を完璧にまねることができます。

グドールは動物研究に情熱を傾け、二三歳のときにひとりで東アフリカに渡りました。大学に行くお金はなく、アフリカで秘書の仕事でも見つけたらと母親にアドバイスされたからです。そこで人類学者のルイス・リーキーを訪ね、リーキーは夢を追いかけるチャンスを彼女に与えました。

その後、五〇年もの研究生活を終えて森を出たグドールは、若い人たちに環境保護者になる夢を与えるようになりました。世界中を旅して、失われてしまった野生や美しい自然や水について語るグドールは、静かな、本物の落ち着きを周囲に発散しています。まるで禅導師のように。

彼女は、その柔らかく切れのいいイギリス英語で、「ルーツ&シューツ（根っこと新芽）」という新たなプロジェクトを紹介します。これは、若い世代を動かして、拡大する環境問題を解決するためのプロジェクトです。若者は柔らかいけれど、コンクリートをも貫くたけのこのように太陽に向かって伸びる強さがある、と彼女は信じています。

彼女がこのキャンペーンについて語るとき、そのそばには、茶目っ気と真剣さの両方を示す小道具があります。演台には毛むくじゃらのおもちゃのおサルさん、ポケットの中には、ネルソン・マンデラが投獄されていたロビン島の監獄から拾ってきたライムストーンを忍ばせています。その石は、彼女に人間の打たれ強さを思い出させてくれるといいます。さらに、スピーチの結びには小さな鈴を鳴らします。この鈴は、カンボジアの殺戮《さつりく》場で回収された地雷からつくられています。邪悪なポルポト政権が倒された記念なのです。

グドールのスピーチの締めくくりは、いつも同じです。そこで語られるのは、問題解決に向かう人間の不屈の精神、自然の打たれ強さ、そしてその回復力への敬意です。

▼臆病な女の子の大変身――エレノア・ルーズベルト

セオドア・ルーズベルト大統領の姪《めい》だったエレノアは、遠い従兄弟《いとこ》のフランクリンと結婚し、フランクリンもその後、大統領になりました。裕福な特権階級に生まれましたが、エレノアは自信を持てない女性でした。自分の能力を見つけるまでに、数十年間も苦しんだといいます。

父親はアルコール中毒で、美しく社交界の花だった母親はエレノアの容姿に失望していることを隠しませんでした。その両親と一〇歳のときに死別し、エレノアは厳しい祖母に育てられます。並外れて臆病な子どもで、なにごとにもびくびくして、人前で話すのも嫌いでした。いやいやながら社交界にデビューしてからも、本が好きで、舞踏会よりも大学に行きたがりました。でも、ニューヨークの上流階級の娘にとって、社交界を避けることはできませんでした。

結婚して子どもができたあとも、エレノアは自分をとるに足らない人間だと感じ、あまり外に出たがりませんでした。夫のフランクリン・ルーズベルトが海軍次官になってからというもの、エレノアも社交行事に出ざるをえなくなりましたが、魅力的なフランクリンが社交の場で人気の的だったのに対して、彼女は相変わらず、横に黙って恥ずかしそうに立っているだけでした。

自叙伝に描かれた、ワシントンでの夕食会での逸話は、彼女の劣等感をよく表しています。その日、彼女はいつも以上に落ち込んで、自分なんていなくてもだれも気づかないからと家に帰ってしまいます。帰り着いて鍵がないことに気づきましたが、それでも戻らず、寒いなかをイブニングドレス姿で三時間も夫の帰りを待ちつづけたといいます。

けれども、そんな彼女に変化が訪れます。フランクリンの社会的地位がさらに上がり、いつまでもそうしていられなくなったエレノアは、ついに、自分にはできないと思っていたことに挑戦し、恐怖を克服しはじめたのです。

人は、やってみることで、自分を縛りつけていた恐れから自由になるだけでなく、精神の筋肉を鍛えて、成果とともに訪れる自由を得ることができるのです。危機と向き合い、それを克服するたびに、次が簡単になっていくのです。

エレノアは、人前で話すことへの苦痛と試練を、一歩ずつ克服していきました。彼女には、不安になると、おかしくもないのに笑ってしまう悪い癖がありましたが、声の高さをコントロールできるようになると、徐々に自信をつけていき、その癖も治りました。

勇気は恐怖よりも気持ちのいいもので、長い目で見るとそのほうが簡単です。ひと晩で英雄になる必要はありません。一度に一歩ずつ、そのたびごとに挑戦と向きあい、それを恐ろしいと感じ

るのではなく、克服する力を自分のなかに発見するのです。

エレノアは、「あなたの同意なしに、だれもあなたに劣等感を抱かせることはできない」という名言で知られていますが、実際にその信念を貫きました。大恐慌のときにはアメリカを横断し、人々が不況に苦しむ姿をその目で見てまわりました。当時、大統領夫人によるそのような旅は前例がなく、その行為は貴婦人にふさわしくないばかりか、上流階級への裏切りだと見る人もいました。それでもエレノアは、失業した炭鉱夫や、工場労働者や、貧しい農民に会い、その様子を大統領に報告しつづけました。

夫が亡くなってからも、トルーマン大統領の要請を受け、新設された国連への代表団の一員となりました。人権委員会の委員長として、世界人権宣言の起草を助け、世界中の人々が公正で人間的な扱いを受けられるよう尽力したのです。

伝記作家のブランシェ・ウィーゼン・クックはこう書いています。「エレノアの話し手としての才能とは、つまるところ、人々への愛情の結果でした。彼女は聞き手を気にかけ、その一人ひとりと目を合わせることが大切だと知っていたのです」

恐怖を克服したエレノアは、人権に尽力する人物として、世界中の尊敬を集めるまでに成長しました。話すことの苦手だったエレノアが、大統領夫人として、定期的に報道会見を開くまでになったのです。

声をあげよう

スピーチの達人は、いまも続々と生まれています。たとえばシェリル・サンドバーグは、赤いドレスで『ヴォーグ』の紙面を飾り、シリコンバレーのカンファレンスで質問に答えながら、フェイスブックを世界に広めようとしています。グーグルから引き抜かれたサンドバーグは、この仕事は「人がすべて」だと語ります。精力的で親しみやすい彼女はいま、世界最大のソーシャルネットワーキングサイトをめぐるプライバシーの問題に、率先して取り組んでいます。

また、二二歳に見えないほど落ち着いているケイティ・スポッツは、大西洋を手漕ぎボートで単独横断した経験から、「自分ではコントロールできない力に対して、忍耐強く、抗《あらが》わず、受け入れること」を学んだと語ります。スポッツが世界最年少で単独航海を成し遂げたのは、清潔な飲み水を一〇億人の人々に提供するための「ブルー・プラネット・ラン基金」への寄付を募るのが目的でした。南アメリカからアフリカまで約四五〇〇キロの海路を七〇日かけて航海し終えると、スポッツはすぐに、次の冒険を計画しはじめました。

新しい時代に生きる女性たちは、最新のテクノロジーを使いこなしつつ、これまでよりずっと多くのチャネルを通して、会社や地域や社会のために声をあげています。

次は、あなたの番です。職場で、イベントで、声をあげましょう。そして、最高の自分を表現しましょう。

付録

よくある質問

——おさらいを兼ねて

Q 人前でうまく話すためには、なにから始めればいいですか？

話し方を改善する第一歩は、どこが自分の得手で、どこが不得手なのかを正確に把握することです。まずは、左表を使って、あなたがすでに身につけているスキルと、改善が必要なスキルをチェックしてみてください（「悪い」〜「最高」までの四段階で、当てはまるものに印をつけます）。

	悪い	まあまあ	良い	最高
抑揚				
会話の速さ				

声				姿（見栄え）							言葉					
声の大きさ	響き	間	息継ぎ	アイコンタクト	チャンピオンスタンス	ジェスチャー	上半身の動き	表情	プロらしい服装	ビジュアル素材	聴衆とのつながり	イベント内容の把握	メッセージ作り	具体的なストーリー	強烈なオープニングと結び	原稿またはメモ

チェックしたものを見れば、どこを改善すればいいかが一目瞭然のはずです。弱い部分がいくつかあっても、全部を同時に直す必要はありません。一度に一つのスキルまたはテクニックの向上に集中することが大切です。

Q 私は中間管理職です。いまから始めるのは遅すぎですか？

あなたは、アメリカの素朴派の画家、グランマ・モーゼスをご存じですか？　グランマは、七六歳になるまで絵を描いたことはありませんでした。ですが、世界が認める素晴らしい絵画を残しました。新しいスキルを学んだり磨いたりするのに、遅すぎることなどありません。

まずは、先ほどの自己評価をしてみましょう。

でも、この本でも紹介したとおり、自分の現状を評価するのに最適なのは、聴衆を前にして話す自分の姿を録画して見ることです。あなたが聞き手とどのようにつながり、どのように反応しているかがまざまざとわかります。もちろん、尊敬する仲間やメンターからフィードバックをもらうのもいいですよ。

そして次に、なにがスキル改善のモチベーションになるかを考えてみましょう。大事なプレゼンテーション？　後輩や部下の育成？　それとも昇進？……

もしも、あなたがすでに人前で話す経験は豊富で、さらにスキルを磨きたいというのなら、あるいは、もっと責任ある立場を目指しているなら、思い切ってプロのコーチに習うという選択肢もありますね。スピーチの達人の多くも、専門家の助けを借りています。

Q 聞き手に一人前に見られるには、外見をがらりと変えるしかないでしょうか

そうとはかぎりませんよ。服装だけですべてが解決するわけではありませんからね。でも、眼鏡を変えて大人っぽく見せたり、カチッとしたスーツで有能そうに見せることはできます。プロらしい服装をしていれば、あなたも落ち着くでしょう。あなた自身が心地よく感じ、集中して話せる身なりを整えることは大事です。

また、本文でもふれたように、女性は男性よりも見かけで評価されやすいので、外見で損しないように気をつけたほうがいいのはたしかでしょう。以前、検事の選挙戦の最中なのに、どうしてもピースマークのペンダントを外したがらないクライアントがいました。落選したのはそのせいだとは言いませんが、政府の腐敗や薬物規制を議論するテレビ番組にふさわしいアクセサリーではありませんでした。

一方、別の女性は、自分の属する業界に直接影響を与える規制改革について、議会の委員会で証言したとき、何人にも「すばらしかった」と言われました。うまくいった。彼女は「見た目は大丈夫だった?」と聞きましたが、だれもあまり気にしていませんでした。気にならなかったということ

とは、聞き手が話に集中していた証拠です。

Q 女性は自虐ネタを使わないほうがいいって本当ですか?

自虐ネタの女王ジョーン・リバーズは、コメディアンとして観客を四〇年も楽しませてきました。美容整形、中絶、自分の恋愛事情などについて、ショービジネスの第一人者である彼女は、タブーなしに語ります。でも、自虐ネタにリスクがあるのは本当です。タブーに切り込めば、それだけ火傷はしやすくなるでしょうね。

アン・リチャーズは党大会のスピーチで、自虐的ネタを使って聴衆とつながる好例を示してくれました。たとえば、こんな調子です。

> 今夜は、八年生のときに初めてバスケットをしたときのような気分です。あのとき、ユニフォームを着た私は、観客席から男子にヤジを飛ばされて、バスケットのネットが急に小さく細くなったように見えました。今夜もあの男の子が客席のどこかにいて、私を萎縮させてしまうのではないかと、少し怖がっています。

自虐ネタを口にすべきかどうかを決めるポイントは、それが「あなたの主張や気持ちをうまく活かすものかどうか」です。同情を引くためや不満を言うために自虐ネタを使ったら、失敗します。リチャーズのバスケットの話は、このスピーチがどれほど重要かを伝えると同時に、とても緊張しているのでみんなに味方になってほしいと願っていること、自分もふつうの人間だということを聴衆に訴えることに成功していますね。

Q オンラインでプレゼンすることになりましたが、どうしていいかよくわからず不安です。

いまは多くの組織で、オンラインセミナーやビデオカンファレンスを行なったり、ポッドキャストを使って会議の補足をしたりしています。でも、あなたが不安に思うのもわかります。離れた場所にいる人に話しかけるのは、難しいものです。ただ、より効果的に話す方法は、はっきりしています。本文の内容とも重なりますが、ここでもう一度整理しましょう。

まず第一に、すべての参加者がスケジュールを承知し、適切な機器を利用していることを確かめましょう。携帯電話やスピーカーフォンは音質が悪いので、できるだけ避けます。ヘッドフォンのついたマイクに話しかけるか、固定電話のほうが音質は保てます。

第二に、プレゼンテーションの前に、かならず通しでのテストをしましょう。第三に、プレゼンの途中に機器の不具合が起きた場合に備えて、予備の計画も立てておきましょう。なにかあったら、電話会議に切り替えられますか？　あるいはメールで補足できますか？

第四に、座り方、目線、服装など、8章で紹介したカメラ前でのテクニックを使いましょう。ウェブのカメラに向かって話すのは、テレビカメラと同じことです。第五に、常温のお水も用意しておきましょう。そして最後に、絵やポスターや置物など、背景の目ざわりになるものを片づけましょう。もちろん、携帯電話の電源を切るのもお忘れなく！

Q パネルディスカッションに参加することになりました。なにに注意すべきですか？

パネルディスカッションは、準備にそれほど時間をかけずにあなたの専門性を見せられるいい機会です。たいていのパネルディスカッションは一時間から九〇分ほどで、進行役と四～五人のパネリストが参加します。進行役には、事前に短い経歴を送っておきましょう。

ふつうは最初に一人につき五～一〇分ほど話したあとで、質問に答えます。でも、当然五分ですべては語れないので、一つか二つにポイントを絞ります。他のパネリストが話しすぎたときのために、短いバージョンのコメントを準備しておくといいでしょう。あなたが言いたかったことを他の人が言ってしまってもあせることはありません。そういうときは、このように言いましょう。「さきほどの方が言われたように、私もこの重要性を強調したいと思います……」

また、質疑応答では、できるだけ別のパネリストに先に答えてもらいましょう。あなたがすべての質問に答えなくてもいいのです。つけ加えることがなければ、なおさらです。

それから、議論に集中することも大事ですね。ぼんやりしたり、携帯をいじったりしたら、退屈しているような印象を与えてしまいます。4章で紹介したチャンピオンの姿勢を保ちましょう。話しているときは、進行役ではなく聴衆を、質問に答えるときは、質問者を見て話してください。

Q 採用面接や営業先で、自分の仕事を説明しなくてはいけないとき、どうすればいいですか？

こういうときに威力を発揮するのが、6章で紹介した日頃の備えや5章で紹介したメッセージマップです。仕事を説明するためのメッセージマップを作って持っておけば、急に指名されたり、打ち合わせで話すことになったときにも黙り込まずにすみますよ。

さあ、まずはあなたの仕事のどの部分に焦点をあてるべきかを考えましょう。マップができたら、それを手帳やパソコンに入れておきましょう。必要に応じて更新すればなおいいですね。

Q スピーチ用の原稿を上手に書けるようになりたいのですが、どうもうまくいきません……

残念ながら特効薬はありません。上手になるには、回数をこなすしかないのです。でも、裏を返せば、回数をこなせば、だれでも上手になれるということです。ですから、どんどん経験を積む機会を探しましょう。

同時に、たくさんのスピーチ文を読みましょう。アカデミー賞の受賞スピーチや大統領の一般教書演説を読んでみましょう。そのなかで面白いストーリーや感動的な言葉があったら書きとめておいて、それに新たな命を吹き込んで、自分が話すときに使うといいですね。

マヤ・アンジェロウは、クリントン大統領の就任式で読む詩を書いたときの経験を、「国が私を肩越しにのぞき込んでいるような感覚に襲われました」と語っています。彼女はこのとき、数週間も学者の言葉を読んだり、アドバイスを聞いたりしましたが、あとはいつものやり方を通したそうです。百科事典とシェリー酒とトランプとノートを持ってホテルにこもったのです。そうして生まれたのが、歴史的な「朝の鼓動」の手書き原稿でした。あなたも自分らしい書き方をしてください。

Q 私は内気です。オフィスミーティングで話す勇気がなかなか出せません。

社交的な人は「話してから考え」、内向的な人は「考えてから話す」と言います。内向的な人は社交的な人がうらやましいかもしれませんが、社交的な人はすぐに話しはじめるので、話にまとまりがなく、論点にたどり着くまでに時間がかかったりします。その点、内向的な人はだいたい慎重に考えてから口を開くので、筋の通った話ができ、失言の恐れも少ないようです。人前で話すのは気が滅入るかもしれませんが、もっと自信を持ってください。謙虚になりすぎてはダメですよ。

内向的な人が話をする勇気を持つためには、人より準備をするのがいちばんです。充分に時間をとって考えをまとめ、声に出して練習すれば、緊張はそのぶん、やわらいでくるものです。

Q ある講演会で、私の専門分野の有名人を紹介することになりました。どうしたらいいですか？

自分が尊敬し、憧れている人を紹介するのは、ものすごく緊張するものです。どんな内容にするか悩みますよね。でも、この紋切型の言葉だけはやめましょう。「今日のゲストは紹介するまでもありませんね」。それから、履歴書や経歴を長々と読みあげるのもやめましょう。会場からみるみる生気が失われてしまいますから。もし上手な紹介ができれば、それは講演のすばらしい導入になります。講演者からもきっと感謝されるでしょう。

「その講演のテーマはなんですか？」、「そのテーマは聴衆にとってどう大切ですか？」、「講演者はそのテーマを語るどんな資格がありますか？」――紹介文を作るときには、これらの問いに順に答えていくことです。そうすれば、聴衆の気持ちを盛りあげ、講演者の専門性を強調する内容になるはずです。

国務長官を務めたコンドリーザ・ライスは、オルブライトの公式肖像画の除幕式で、「オルブライトには、ある種の家族意識を感じる」と紹介しました。そして、もし音楽専攻のままでいたら、いまごろは「デパートのロビーかピアノバー」で演奏していたかもしれないと言いました。ライスが国際政治を専攻したとき、「それまで知らなかった世界を見せてくれた」のは、オルブライトの父親だったそうです。

もしも、あなたがその講演者に会ったことがないなら、インターネットでとにかく丹念に資料を集めましょう。そして、少しでもいいので、できるだけ事前に本人と話しましょう。趣味は？　情熱を傾けていることは？　仕事仲間にもアドバイスをもらうといいですね。案外、面白いストーリーを教えてくれるかもしれません。とにかくしっかり調査することで、紹介は確実に、より親身で心のこもったものになっていきます。

Q　達人のスピーチを見るにはどうしたらいいですか？

あなたの憧れの人のスピーチは、おそらくオンラインで見られます。本書に登場したドロシー・アン・リチャーズ（Dorothy Ann Richards）、バーバラ・ジョーダン（Barbara Jordan）、サラ・ペイリン（Sarah Palin）、エリザベス・ドール（Elizabeth Dole）、ヒラリー・クリントン（Hillary Clinton）については、党大会でのスピーチが公開されています。ビジネス、非営利、政府の女性リーダーとのインタビューや短いトークなども、ユーチューブで視聴できます。名前で検索してみてください。

でも、釘づけになってしまうような達人のトークを視聴できるのは、やはりなんといっても、TED.comでしょう。TEDの登壇者は、テクノロジー、グローバル、エンタテイメント、科学、その他のたくさんのテーマについて「広める価値のあるアイデア」を二〇分で語ります。メリンダ・ゲイツ（Melinda Gates）、エイミ・タン（Amy Tan／小説家）、イヴ・エンスラー（eve ensler／脚本家）、テンプル・グランディン（temple grandin／動物学者）、ドリス・カーンズ・グッドウィン（doris kearns goodwin／歴史家）など、ここでは素晴らしい女性スピーカーが何人でも見られます。ぜひ一度、のぞいてみてください。

弊社刊行物の最新情報などは
以下で随時お知らせしています。
ツイッター
@umitotsuki
フェイスブック
www.facebook.com/umitotsuki
インスタグラム
@umitotsukisha

大人《おとな》の女《おんな》の話《はな》し方《かた》
人前で最高の自分を表現するための
パーフェクトガイド

2016年8月2日　初版第1刷発行
2021年5月2日　　　第2刷発行

著者
クリスティーン・ヤーンケ

訳者
関《せき》 美和《みわ》

装幀
Y&y

印刷
萩原印刷株式会社

発行所
有限会社 海と月社
〒180-0003　東京都武蔵野市吉祥寺南町2-25-14-105
電話0422-26-9031　FAX0422-26-9032
http://www.umitotsuki.co.jp

ISBN978-4-903212-55-5